생각
소스

나를 믿기 위한
나의 생각 모음

김소희 지음

인생의 변곡점을 지날 땐 … 나를 믿는 힘이 필요하다. 머릿속에 고여 있는 내 생각을 꺼내 쓰면 삶의 방향이 보일 것이다.
생각을 쓰는 사람과 생각만 하는 사람은 다르다. 우리는 이 책에 기대어 나를 믿으며 살 수 있다.

prologue

**생각을 쓰면
나를 믿게 되고
나아갈 방향이 보인다.**

가만히 앉아 생각에 잠길 여유를 갖기 힘든
요즘입니다. 할 일은 많고 시간은 깊게 고민할 틈 없이
금세 지나가 버리니까요. 이 책은 바쁘게 흘러가는
일상에서 내 안에 고여 있던 생각을 꺼내볼 수 있도록
도와주는 질문 모음입니다. 일, 삶, 관계, 시간, 현실,
꿈, 미래 등 살아가다 보면 누구나 한 번쯤 마주하게
되는 주제에 대한 이야기들을 직접 써 볼 수 있게
구성했습니다.

지금은 절판되었지만 20대에 동명의 책을 낸 적이
있습니다. 묵직한 질문도 곳곳에 배치했지만 가볍게
답을 떠올릴 수 있는 취향에 대한 질문들이 꽤
많았습니다. 나와 친해지기 위한 책이었죠. 30대로
건너온 저는 이전과는 또 다른 고민에 둘러싸여
있습니다. 이제는 나를 조금 알겠지만, 삶을
이끌어가는 데는 단순히 아는 것을 넘어 스스로에 대한
확신이 필요하더라고요. 그간 겪은 다양한 경험들,
이제껏 만난 여러 사람들을 돌아보며 생각을 정리할
시간을 마련해야겠다고 느꼈습니다. 지금까지의
나에게, 지금부터의 길을 묻는 거죠.

이전의 《생각 소스》에서는 '나를 알자'는 메시지를
건넸다면, 새롭게 준비한 《생각 소스》에서는 '나를
믿자'는 메시지를 건네고자 합니다. 이러한 관점에서
고심하며 질문 리스트를 작성했습니다. 생각을 꺼내는
데 도움이 되도록 모든 질문에 설명을 덧붙였습니다.
제 이야기를 더하고 싶은 질문에는 에세이도
작성해 두었고요. 질문이 다소 어렵게 느껴질 수도
있지만 그건 답을 몰라서가 아니라 생각을 꺼내
써 보는 게 익숙하지 않아서일 겁니다. 급하게
빈 페이지를 채우려 하기보다 앞으로의 삶에
작은 닻이 되어줄 나만의 책을 만든다는 생각으로
천천히 여유롭게 활용하길 바랍니다.

삶이라는 여정에서 나를 믿는 것은 중요합니다.
이 책을 만들며 머릿속에 고여 있는 생각을
꺼내 쓰는 것만으로 많은 고민들이 정리되고,
자기 확신이 생긴다는 것을 깨달았어요. 여러분도
마지막 장까지 쓰고 나면 이 책에 기대어 언젠가
맞게될 힘든 순간을 잘 헤쳐 나갈 수 있을 것입니다.
기쁜 순간은 더 선명히 기억될 테고요. 자신만의
고유한 삶을 믿으며 살아가길 응원하겠습니다.

김소희 드림

이 책의 사용법

이런 분들에게 추천합니다

☑ 인생의 변곡점을 지날 때 사용하면 특히 좋습니다. 취업, 퇴사, 서른, 마흔, 결혼, 출산, 사랑, 이별 등의 시점에서 생각을 정리하고 어수선한 마음을 다잡는 데 효과적입니다.

☑ 글을 조금 더 잘 쓰고 싶은 분들, 글쓰기를 습관화하고 싶은 분들, 특히 평소에 나의 이야기를 써 보지 못했던 분들에게 '생각 쓰기'를 추천합니다.

생각 쓰기 tip

▶ 순서대로 작성하지 않아도 됩니다. 당장 답하기 어려운 질문들은 패스하세요. 단, 해당 질문을 마음 한 편에 넣어 두었다가 쓰고 싶은 이야기가 떠오르면 나중에라도 꼭 적어 보세요.

▶ 완전한 문장으로 쓰지 않아도 됩니다. 리스트를 나열하는 식으로 써도 괜찮아요. 낙서를 해도 되고, 그림을 그려도 좋습니다. 글을 잘 쓰고 싶은 게 목표라면, 편하게 '생각 쓰기'를 한 후 문장을 다듬는 과정을 추가로 가져 보세요.

▶ 혼자 작성해도 좋지만 친구와 함께 또는 모임을 꾸려 쓰는 것도 추천합니다. 공유하기 쉽도록 1부터 101까지 질문마다 숫자를 크게 기입해 두었습니다. "31번 질문 어떻게 생각해?"라고 물어보세요.

▶ 습관을 들이고 싶다면 매일 하나씩 또는 일주일에 두 개씩 쓰기 등의 루틴을 만들어 보세요. SNS에 #생각소스 #생각쓰기 주제로 꾸준히 공유하는 것도 방법입니다.

prologue

생각을 쓰면
나를 믿게 되고
나아갈 방향이 보인다.

이 책의 사용법

Chapter 1
과거의 시간들

1. 어릴 때는 당연하게 여겼지만 지금은 쉽게 누릴 수 없는 것
2. 옳다고 믿었던 것이 깨졌던 순간
3. 작년과 비교해 달라진 점이 있나요?
4. 나라는 사람의 코어를 이루는 것
5. 시간이 흐르면서 단순해진 생각과 오히려 복잡해진 생각
6. 저런 건 나도 한다 생각했지만 결국 못 한 것
7. 인생의 조력자가 있다면?
8. 과거의 실수를 되돌릴 기회가 주어진다면, 꼭 바꾸고 싶은 것
9. 3년 전의 나는 어떤 고민을 했나요?
10. 나에게 짙게 배어 있는 부모님의 모습
11. 지금의 나를 만든 어릴 적 순간들
12. 내 삶에 큰 영향을 끼친 사람
13. 어린 시절의 나와 지금의 내가 함께 산책한다면, 어떤 대화를 나누고 있을까요?
14. 오래된 나의 습관
15. 큰 힘이 되어 주었던 위로
16. 나를 돌아볼 때 가장 안쓰러운 부분
17. 과거에 유독 열정적이었던 일
18. 시간이 흐르고 이제서야 이해하게 된 것
19. 상처를 어떻게 다루어 왔나요?
20. 나의 꿈이 변화해 온 흔적
21. 감정에 가장 솔직했던 시기
22. 어린 시절 생각했던 어른과 지금 생각하는 어른의 차이
23. 10년 전으로 돌아간다면 바꾸고 싶은 선택

Chapter 2
변화의 순간들

24 남들이 이해하지 못할 것 같아 쉽게 말하지 못했던 생각

25 내가 가진 여러 개의 자아

26 하루 중 많은 시간을 할애하는 일은 무엇인가요?

27 중요한 순간을 앞두고 생각을 정돈하는 방법

28 예전과 달리 더 이상 조바심 내지 않게 된 것

29 직업과 직장을 선택하는 기준

30 기억에 남는 동료와 리더

31 나이에 대한 고정관념이나 편견이 있나요?

32 나이를 먹을수록 더 소중하게 여겨지는 것

33 일을 처음 시작했을 때의 나와 지금의 내가 크게 변한 점

34 삶에서 가장 고요했던 순간과 가장 격렬했던 순간

35 시간이 지나도 사라지지 않았으면 하는 것

36 책, 어떻게 읽고 있나요?

37 다시 보니 더 좋았던 영화

38 막상 해보니 의외로 좋았던 것

39 조금 더 일찍 배웠으면 좋았을 무언가

40 최근 생긴 가장 큰 변화

41 새로움을 받아들이는 나의 태도

42 변곡점을 만든 도전의 순간

43 나의 주변에서는 어떤 일들이 벌어지고 있나요?

44 척했던 경험

45 예전보다 더 조심스럽게 말하고 행동하게 된 것

46 인간관계에서 중요하다고 여기게 된 것

47 고민이 있을 때 찾아가는 사람

48 한 번도 생각해보지 않은 나와 전혀 관계없는 분야

49 내 안에서 가장 다루기 어려운 감정

50 혼자 있을 때 비로소 알게 되는 나의 진짜 모습

51 올해 새롭게 한 다짐

52 몸도 마음도 건강한 삶을 살고 있나요?

Chapter 3
스치는 생각들

53 사진첩에 비중이 가장 많은 존재

54 나와 비슷한 성향을 가진 사람, 나와 다른 성향을 가진 사람

55 대화할 때 즐거운 사람

56 대단하다고 느끼는 사람들이 있다면?

57 가까운 사람에게 들었던 쓴소리

58 삶을 대하는 나의 태도 중 유지하고 싶은 것

59 좋아하는 단어, 직접 정의하고 싶은 그 단어의 의미

60 다들 "좋다 좋다"하니 좋다고 착각했던 것이 있나요?

61 상식과 비상식의 경계

62 무의식중에 나오는 언어적, 비언어적 습관

63 들키고 싶지 않은 나의 모난 생각

64 요즘 가장 깊이 빠져 있는 생각

65 사랑하는 이들의 죽음에 대해 깊이 생각해 본 적이 있나요?

66 나만의 행동 강령

67 일하는 이유

68 일과 행복의 관계

69 요즘 가장 화제라고 느끼는 것은 무엇인가요?

70 어떤 이유에서든 절대 참을 수 없는 것

71 사회의 여러 악(惡) 중 가장 사라졌으면 하는 것

72 다정함이란?

73 더 나은 세상을 위해 내가 할 수 있는 일

74 나에게 필요한 자유로움

75 최근에 한 가장 좋은 결정, 그 결정들이 향하는 방향

76 삶에서 가장 중요한 것

77 나다움을 표현할 수 있는 단어와 문장

Chapter 4
꿈꾸는 모습들

78 시간이 지나도 변하지 않길 바라는 내 모습

79 스스로 고치고 싶은 부분이 있다면?

80 좋아하면서 잘하는 일과 좋아하는데 못하는 일

81 롤 모델이 있나요?

82 질투하는 대상이 있나요?

83 성공한 삶에 대한 나의 정의

84 인생의 다음 스테이지를 위해 노력하고 있는 것

85 1년 후 나는 어떤 문제로 고민하고 있을까요?

86 내 길이 아닌 방향

87 나를 가장 설레게 만드는 일

88 포기하고 싶지 않은 것

89 시간이 지날수록 더 중요해지는 가치

90 함께 미래를 이야기할 수 있는 사람

91 가슴에 품고 지내고 싶은 문장

92 언젠가 반드시 맞닥뜨리게 될 질문

93 의미 있는 인생을 살고 있나요?

94 내가 원했던 삶과 지금의 삶, 앞으로 살게 될 삶은 얼마나 닮아 있나요?

95 먼 훗날 그때 참 잘했다고 스스로에게 말할 수 있는 일이 있나요?

96 꿈이라고 하기에는 소박한 작은 꿈 리스트

97 언젠가는 하겠지 생각하며 계속 미루는 것이 있다면?

98 삶에서 불필요하게 붙잡고 있는 것

99 더 깊이 이해하고 싶은 주제

100 내 삶의 속도를 점검해 본다면?

101 지금 나에게 가장 필요한 한마디

epilogue
이 책을 함께 만든 이들의 생각 조각

Chapter 1
과거의 시간들

지금의 나는 오랜 시간들이 켜켜이 쌓여 만들어진 결과물입니다.
어떤 시간들이 나를 현재로 이끌었고,
그 사이사이 어떤 생각들이 스쳐 지나갔을까요?
지난날들을 떠올리며 그동안 해온 생각들을 종이 위에 옮겨 보세요.
지금의 나를 조금 더 세심하게 이해할 수 있을 거에요.

어릴 때는
당연하게 여겼지만
지금은 쉽게
누릴 수 없는 것

소중함은 왜 지나고 나서야 깨닫게 될까요? 시간의 흐름에 따라 낡아지는 것이 아닌, 더 반짝이는 장면들을 떠올려 보세요.

옳다고 믿었던 것이 깨졌던 순간

나의 세상에서 절대적이라 여겼던 믿음이 흔들리거나 무너졌던 경험을 떠올려 보고, 그때의 깨달음이 어떤 변화를 가져왔는지 적어 보세요.

나에겐 가족의 의미가 크다. 부모님의 보호와 가르침
속에서 자랐고 나이 차이가 나는 두 언니들에게
사랑을 듬뿍 받으며 컸다. 어린 시절, 가족의 중요한
일들은 회의를 통해 정해졌고 집안의 큰 결정이
있을 때면 부모님은 항상 우리에게 이유를 설명하고
의견을 구하셨다. 성장하며 겪는 새로운 변화와 도전들
앞에서도 늘 가족의 응원을 받았고 좋은 일이 생기면
가장 먼저 소식을 나눴다. 가족이란 서로를 아끼고
존중하는 모습이 당연하다고 생각하며 살았다. 그러다
어느 날 가까이 지내던 친구가 대뜸 이런 말을 했다.

"소희야, 세상의 모든 가족이 화목하진 않아. 어쩌면 너희 가족이 특이한 걸 수도 있어."

처음 그 말을 들었던 순간 머리가 '띵'했다. 그러고도 친구의 말을 온전히 받아들이기까지 꽤 오랜 시간이 걸렸다. 그 사이 다양한 사람을 만났고 여러 가족을 간접적으로 접했다. 가족이 화목하지 않을 수도, 아픔이 있을 수도 있겠구나. 아픔은 과거에서부터 이어져 올 수도 있고 사고처럼 찾아올 수도 있는 거구나. '가족'이라는 단어가 누군가에게는 참 싫은 단어일 수도 있겠구나. 모두의 가정은 저마다의 모양이 있구나. 부끄럽지만 스무 살이 한참 넘은 나이에 깨달았다. 그러고는 무의식중에 누군가에게 상처를 주지 않았을까 되돌아봤다.

작년과 비교해
달라진 점이 있나요?

1년 사이에 내 삶에는 어떤 변화가 찾아왔을까요? 소소한 것들을 여러 개 써 봐도 좋고, 큰 변화 하나를 발견해도 좋습니다.

나라는 사람의
코어를 이루는 것

나의 본질을 이루는 핵심 키워드에는 어떤 것이 있을까요? 일단 생각나는 것들을 편하게 적은 후 중심과 주변에 둘 것을 나눠 보세요.

살면서 우리는 수많은 평가를 받는다. 남들이
나의 겉모습만으로 내리는 판단도 무시할 수는 없다.
스스로 대면할 수 없는 겉모습이 타인의 눈에는
잘만 보일 테니까. 설령 그 평가가 과장된 칭찬이거나
지나친 비난이라 하더라도 그 안에는 나를 향한 어떤
시선이 담겨 있을 것이다.

살면서 들어왔던 나에 대한 평가는 다양하다.
**다정하다, 섬세하다, 예민하다, 밝다, 은근히 소심하다,
첫인상이 날카롭다, 열정적이다, 타협이 어렵다,
주장이 강하다 등**. 여러 시선을 종합해 보면 **다정하지만
예민한 면이 있는, 열정적이고 긍정적이면서도
자기주장이 강한 사람**이라 할 수 있겠다.

조금 더 내면으로 들어가 본다. 최근 들어 내 안에
'불안'이라는 감정이 주체할 수 없을 만큼 커졌다.
인간이라면 누구나 비슷한 감정을 느끼며 산다지만
나도 모르게 고요히 싹튼 불안의 뿌리를 찾고 싶었다.
외부 완성 때문인가 했지만, 몇 주를 깊게 들여다보니
불안의 출처는 결국 나에 대한 믿음과 불만족, 성장을
수반한 통증이었다. 무엇이든 해낼 수 있을 것이라는
믿음과 스스로에 대한 불만족스러운 감정이 함께 자리
잡고 있는 것이 원인이었다. 원하는 이상향에 도달하는
과정에서 마주하는 나의 부족함을 늘 채찍질하곤 했다.
스스로 만들어낸 불안은 지독하게도 나를 괴롭히지만
조금 더 나아가게 하는 원동력이라 생각하며 별수 없는
나를 다독인다.

시간이 흐르면서
단순해진 생각과
오히려 복잡해진 생각

시간은 고민과 걱정을 흘러가게 해주는 강력한 힘을 지녔지만, 흐르는 시간만큼 더 쌓이는 생각도 있습니다. 반대되는 속성의 기억들을 떠올리며 생각을 정리해 보세요.

저런 건 나도 한다 생각했지만 결국 못 한 것

별거 아닌 것 같은데 막상 해 보면 어렵고 복잡한 일이 참 많죠. 다른 사람을 보며 '저런 건 나도 한다'며 쉽게 생각했지만 결국 시도조차 하지 않아 부끄러운 마음이 드는 일이 있나요?

인생의 조력자가
있다면?

삶의 중요한 순간마다 나에게 힘이 되어준 사람들을 떠올려 보세요. 그들은 나에게 어떤 영향을 주었을까요?

소수의 사람과 뚜렷한 인간관계를 맺는 남편.
친구 모임 2개, 동료 모임 1개, 친한 선배 2명.
남편이 드라마 주인공이라면 인물 관계도에 충분히
포함될 법한 몇몇 사람들과 주기적인 만남을 가진다.
친구들뿐 아니라 무언가 소비할 때 맺는 관계도
마찬가지다. 두세 달마다 가는 바버숍, 가락시장 3번
과일집, 양재 소매 꽃시장, 동대문 이불집 등
서너 번 거래가 오가고 신뢰가 쌓인 순간부터는
무조건 믿고 가는 단골가게가 된다. 명절이고 이벤트고
살아가며 과일과 꽃이 필요한 순간은 생각보다 많다.
그때마다 척하면 척 알아서 잘 해주시는 사장님들
덕분에 걱정할 일을 던다. 이렇게 한 명 한 명
'인생의 치트키'가 늘어나서 행복하다는 사람.
나에게 그런 사람은 누가 있으려나 생각해 본다.

과거의 실수를 되돌릴 기회가 주어진다면, 꼭 바꾸고 싶은 것

오랜 시간이 지나도 여전히 아쉬움과 후회가 남는 일이 있나요? 다시 돌아갈 수 있다면 어떤 결정을 하고 싶나요? 타임슬립 드라마 속 주인공으로 빙의해 간절한 마음을 표현해 보세요.

3년 전의 나는 어떤 고민을 했나요?

10년이면 강산이 변한다지만, 3년 만에도 많은 것이 바뀌는 요즘이죠. 3년 전엔 어떤 고민을 했는지 떠올려 보세요. SNS 기록이나 핸드폰 앨범을 참고해도 좋아요. 그때의 생각들은 이미 정리가 되었나요, 여전히 진행 중인가요?

인생을 3년 단위로 쪼개 보는 스타일이다. 3년이라는 기준을 잡은 이유도 있다. 어설픈 티가 나던 브랜드가 자기만의 스타일을 찾아가는 데 걸리는 시간, SNS의 흐름이 바뀌는 시간, 내 또래 친구들이 '이쯤이면 됐다'며 이직을 고민하는 시간, 중·고등학교 교육 과정을 마칠 수 있는 시간, 그리고 10년을 세 번 나누고도 1년이 남는, 크고 작은 변화들이 일어나기에 충분한 시간이기 때문이다.

3년 전의 나는 어땠을까?
잠시 핸드폰 앨범을 뒤적였다. 그새 촌스럽게 느껴지는 옷차림과 풋풋한 얼굴, 그 시절 자주 만나던 사람들의 모습이 눈에 들어온다. 기억은 흐릿해졌지만 그때 했던 고민은 선명하다. 아마 거취에 대한 생각을 하고 있었을 거다. 앞으로 어떻게 살까? 지금 회사는 언제까지 다니게 될까? 홀로서기를 한다면 어떤 일을 할 수 있을까? 시간을 더 가치 있게 쓸 방법은 없을까? 가고 있는 방향이 맞을까? 나는 성장하고 있나? 3년 전과 지금, 상황은 많이 달라졌지만 그때 했던 고민과 지금 하는 고민이 크게 다른 것 같진 않다.

어쩌면 그때나 지금처럼 3년 뒤에도 그 후에도 일에 대한 고민은 끊임없이 하게 되지 않을까.

나에게
짙게 배어 있는
부모님의 모습

닮고 싶지 않았던 부분이 스며들었을 수도 있고, 의식하지 않았지만 빼닮은 모습도 있을 거예요. 습관, 가치관, 태도 등 나에게 보이는 부모님의 성향을 살펴보세요.

지금의 나를 만든
어릴 적 순간들

사소하지만 선명히 그려지는 어린 시절의 장면이 있나요? 그때의 경험이 지금의 성격이나 가치관에 어떤 영향을 주었을까요? 오랜 기억 속에서 지금의 나를 만든 조각들을 떠올려 보세요.

엄마는 달마다 냉장고에 달력을 붙여 두고는
세 자매에게 각자 원하는 '스페셜 요리'를
먹고 싶은 날에 적어두라고 하셨다. 평소에 해주시던
메뉴 안에서든 아니든, 무엇이든 적기만 하면 우리가
원하는 그 요리를 그날에 꼭 만들어 주셨다. 또 한 달에
한두 번은 온라인 서점 화면을 켜놓고 "오늘 저녁까지
읽고 싶은 책들 장바구니에 담아 둬"라고 하셨다.
어떤 책을 읽고 싶은지는 스스로 정했다. 가격
비교까지 야무지게 하면서 꽤나 진지하게 책을 골랐던
것 같다. 수험생 시절에도 문제집을 사야 하면 현금을
들고 혼자 서점에 가 이것저것 직접 비교하면서
골랐다. 어린 마음에 엄마와 함께 문제집을 고르는
친구들이 내심 부럽기도 했지만 늘 있던 일이라
어색하진 않았다. 사고 싶은 물건, 가고 싶은 장소가
생겼을 때 내 의견만 있다면 우려되는 지점을 말해줄
뿐 크게 반대하신 적은 없다. 내 모든 일의 최종
결정권자는 나였던 것이다.

성인이 되고서는 굵직한 결정을 해야 하는 일들이 더 많아졌지만 본질적으로 변한 건 없었다. 인생 첫 자취방을 구할 때도, 결혼을 할 때도, 안정적인 대기업을 퇴사할 때도, 무턱대고 혼자 긴 여행을 떠날 때도 부모님은 언제나 한 발짝 먼 자리에 있었다. 먹고 싶은 것을 정하는 일, 읽고 싶은 책을 고르는 일, 필요한 문제집을 사는 일 등 작은 것부터 스스로 결정하는 습관 덕분인지 커서도 웬만한 건 알아서 해치운다. 그래서일까, 딱히 누구에게도 의존적이지 않다. 모든 결정의 키는 나에게 있다는 것을 알기에. 일의 경중에 따라 고민을 더 하거나 끙끙 앓을 뿐이다. 드넓은 들판에서 나를 방목했던, 대신 저만치에서 늘 지켜봐 주었던 부모님 덕분에 조금 더 단단하게, 조금 더 일찍 혼자 서는 법을 배운 것 같다.

내 삶에 큰
영향을 끼친 사람

우연한 작은 만남 하나가 인생을 바꿔놓았을지도 모릅니다. 삶의 방향을 깨닫게 해줬거나, 자신에게 큰 영향을 준 사람이 있다면 적어 보세요. 책의 등장인물이나 영화 속 캐릭터도 좋아요!

**어린 시절의 나와
지금의 내가
함께 산책한다면,
어떤 대화를
나누고 있을까요?**

함께 걷는 모습을 상상하며 은밀하게 전하고 싶은 삶에 대한 힌트나 조언을 떠올려 보세요.

오래된 나의 습관

무의식적으로 반복하는 작은 행동들이 내 삶의 방향을 흔들었을 수도 있습니다. 지금의 나를 형성한 반복적인 습관을 떠올려 보세요. 좋은 습관과 고치고 싶은 습관 중 어떤 것을 적어낼까요?

어릴 때 형부에게 "무슨 일이든 최소 여섯 번 정도의 '왜(why)'를 묻고 답할 수 있어야 한다"라는 조언을 들었다. 나중에 찾아보니 도요타 생산 방식에도 '5whys(5번의 왜)' 기법이 있다는 걸 발견했다. 어떤 문제나 현상이 발생했을 때 표면적인 이유를 넘어 근본적인 원인을 파악하기 위해서 '왜'라는 질문을 반복하는 방식이라고 한다.

가장 가까운 어른 중 한 명인 형부의 말에 큰 영향을 받았던 고등학생 시절, 생각에 잠길 때마다 '왜'라는 질문을 떠올렸다. 앞으로 어떤 공부를 더 하고 싶은지, 어떻게 살고 싶은지, 요즘 힘든 이유는 뭔지…. 사소한 고민 앞에서도 왜, 왜, 왜, 질문하며 파고들다 보면 깊숙한 곳에 있는 문제의 뿌리를 찾을 수 있었다. 어릴 때부터 스스로 이유를 찾는 습관을 들여서인지 어떤 결정을 하든 혼자 소화하는 시간이 꼭 필요해졌다. 이렇게 곱씹는 방식에는 결정에 대한 명분이 명확해진다는 장점이 있지만, 반대로 '왜'가 분명하지 않으면 행동이 느려진다는 단점도 있다.

그럼에도 '왜 트레이닝'을 추천하는 이유는 단순하다. 생각하는 것도 훈련이 필요하기 때문이다. 생각하지 않으면 그저 흘러가는 대로 살게 된다. 생각이 바로 서지 않으면 남들의 말에 쉽게 흔들리고 기준을 잃은 채 다수가 이야기하는 것들이 곧 내 것인 줄 착각하게 된다. 주장도, 취향도, 신념도, 정치관도, 가치관도 마찬가지다. 나에게 무엇이 맞는지, 무엇이 중요한지 직접 생각해 보지 않으면 주어진 것들을 받아들이는 데만 익숙해진다. 그렇게 살아가다 보면 어느 순간 온전한 나의 생각은 희미해질 수밖에 없다.

큰 힘이
되어 주었던
위로

누군가 건넨 다정한 말과 행동, 따뜻한 눈빛, 영혼을 보듬어 준 음악, 날씨와 공기, 하나의 단어 등 크고 작은 위로의 순간들이 그동안 내 곁을 지켜 줬을 거예요. 그때 받은 위로가 어떤 힘이 되었는지 적어 보세요.

나를 돌아볼 때
가장 안쓰러운 부분

지나온 시간 속 애틋하고 안쓰러운 나의 모습이 있나요? 그때의 나에게 해주고 싶은 말은 무엇인가요? 다정하고 따뜻한 위로를 건네길 바라요.

과거에 유독
열정적이었던 일

누구보다 뜨겁게 몰두했던 일이 있나요? 그때의 열정은 지금도 남아 있나요? 혹은 다른 형태나 다른 대상으로 바뀌었을까요?

한때 새로운 것에 집착했던 시기가 있다. 특히 공간, 물건, 서비스에 관심이 많아 가오픈된 공간만 찾아다니기도 했고, 좋아하는 브랜드에서 출시한 물건은 누구보다 먼저 구매했다. 새로 론칭한 서비스도 빠르게 써 보면서 '가장 먼저 경험하는 것' 자체에 묘한 만족감을 느꼈다.

그때는 세상에 갓 나온 것들로부터 새로움을 찾았다면
요즘 선호하는 새로움은 결이 조금 다르다. 이미
존재하지만 경험해 보지 못했던, 몰랐던 세상들을
알아가는 재미에 푹 빠진 것이다. 가령 최근에는
건물 인테리어, 도로의 생김새, 좋은 공간 경험,
건강한 음식, 다양한 브랜드의 성장 과정 등을
들여다본다. 관심 가는 분야가 달라지니 같은 세상도
새로운 시선으로 보인다. 하나둘 몰랐던 것들을
알아가는 과정이 즐겁다. 매일 걷는 거리만 해도
배울 것이 넘쳐나는 세상이기에 활기가 넘친다.

시간이 흐르고 이제서야 이해하게 된 것

당시에는 못마땅했지만 어느 순간부터 차츰 이해되는 것들이 있습니다. 긴 시간 속에서 기억이 미화됐을 수도, 여러 경험을 통해 내면이 성숙해졌을 수도 있죠. 그 깨달음은 내게 어떤 의미를 주었나요?

상처를 어떻게
다루어 왔나요?

상처는 시간이 지나면 흐려지기도 하고 마음 깊숙한 곳에 조용히 자리 잡기도 합니다. 나는 내 상처를 어떻게 어루만졌고 어떤 방식으로 극복해 왔나요? 혹은 어디에 묻어두었나요? 잠시 마주해 보길 바랍니다.

손 피부가 예민해 화학 용품이 닿으면 쉽게 상처가 나거나 건조해진다. 만성 질환이라 완전히 치료되는 건 기대할 수 없다. 의사 선생님은 "물 한 방울 묻히고 살지 말아라", "최대한 손을 씻지 않아야 한다"며 단호하게 말씀하셨다. 연애를 할 때도, 누군가와 가벼운 악수를 할 때도 손 닿는 것이 불편했다. 손이 노출되는 게 꺼려져 한때는 긴 소매 옷만 입었을 정도다.

언젠가 문득, 손의 상태를 악화시키는 건 나 자신이
아닐까 하는 생각이 들었다. 깊숙한 곳에서 무엇이
곪고 있는지 먼저 살폈다. 그러고는 마음의 짐들을 좀
내려놓기로 했다. 완벽하지 않은 결과물들도 세상에
내보내 보고, 부끄러운 이야기도 좀 꺼내 보고, 아픈
곳도 오픈했다. 몸과 마음의 곪은 곳들이 바깥공기를
쐴 수 있게 드러내버렸다. 손이 왜 그러냐는 질문에
피하고 감추지 않고 "조금 아파요"라고 솔직하게
말하기 시작했다. 꽁꽁 감춰두었던 비밀들이 나의 작은
세상 안에서 까발려지니 속이 참 시원했다. 신체적인
콤플렉스든, 성격의 모난 부분이든, 부족한 점이든
요즘에는 그냥 내 마음속에서 충분히 인정하고 있는
그대로 밖으로 꺼내 놓는다. 감추려 애쓰는 것보다
드러내는 편이 더 편하다는 걸 이제야 깨달았다.

나의 꿈이
변화해 온 흔적

어린 시절부터 지금까지 꿈이 변화해 온 흔적들을 살펴보세요. 현실 앞에서 포기했던 꿈, 결코 변하지 않은 꿈, 여전히 꾸고 있는 꿈, 금방 질려버린 꿈, 재미 삼아 꿔본 꿈 등 다양한 모양의 꿈들이 발견될 수도 있어요.

감정에 가장
솔직했던 시기

사랑을 시작할 때, 사랑을 끝낼 때, 꿈을 포기할 때, 혼자 여행을 떠났을 때 등 내 감정에 가장 솔직했던 시기는 언제였나요? 그때 어떤 감정을 느꼈고 지금의 나와는 어떻게 다른가요?

어린 시절
생각했던 어른과
지금 생각하는
어른의 차이

어릴 때는 나이만 들면 자연스럽게 어른이 되는 줄 알았죠. 철없던 시기에 정의했던 '어른'과 지금의 '어른'은 어떻게 다른가요?

어린 시절 생각했던 '어른'

다 아는

쉬워지는

가진 것이 많아지는

멋진

자유

어른

완벽에 가까운

갖춘

정답을 찾아가는

하고 싶은 걸 다 하는

지금 생각하는 '어른'

모르는 것투성이인

끊임없이 고군분투하는

한 글자 단어에 집착하는 (집, 차, 돈)

종종 멋부리고 싶은

책임

때때로 아이

불완전한

지키는

질문이 많아지는

해야 할 것을 선택하는

10년 전으로 돌아간다면 바꾸고 싶은 선택

우리가 한 수많은 선택의 결과물이 바로 지금이겠죠. 만약 10년 전의 나에게 어떤 기회가 주어진다면 다시 하고 싶은 선택이 있나요? 질문이 '1년 전'이라면 어땠을지 비교해 보며 떠올려도 좋겠어요!

Chapter 2
변화의 순간들

변화는 예고 없이 찾아오기도, 내가 선택한 곳에서 만들어지기도 합니다. 어떤 순간들이 나를 새로운 방향으로 이끌었고, 그 과정에서 나는 무엇을 느꼈나요? 삶의 변곡점들을 떠올리며 변화를 받아들이던 나의 모습을 돌아보세요.

남들이 이해하지 못할 것 같아 쉽게 말하지 못했던 생각

기록하고 표현할 수 있는 창구는 많아졌지만 솔직한 의견을 내는 데는 용기가 필요해진 요즘. 비난받을까 봐, 이해받을 수 없을까 봐 내 안에 꽁꽁 감춰둔 생각이 있나요?

내가 가진
여러 개의 자아

만나는 사람과 처한 상황에 따라 나라는 한 명의 사람은 생각보다 다양한 모습으로 살아갑니다. 사회적 역할, 내면의 모습, 이상적인 자아까지 내 안에는 어떤 '나'들이 존재하나요?

하루 중 많은 시간을 할애하는 일은 무엇인가요?

의식적으로든 무의식적으로든 내 하루의 대부분을 차지하는 일이 있을 거예요. 일, 취미, 사소한 루틴 등 깨어 있는 동안 나는 어디에 가장 많은 시간을 쓰고 있을까요? 혹은 어디에 가장 많은 시간을 쓰고 싶은가요?

문득 해야 할 일이 너무 많다는 생각이 들었다.
업무뿐만 아니라 매일 하는 샤워, 청소, 설거지에 더해
계절에 따른 옷장 정리부터 주기적으로 가야 하는
미용실, 건강검진, 치과 등의 일까지. 일 년 단위로
챙길 이벤트는 또 어찌나 많은지…. 미리 잡아둔
약속에 한창 바빴던 지난주, 가지치기가 필요한
타이밍임을 느꼈다. 삶을 영위하기 위해 해야 할
일이 이미 많은데 불필요한 것에 시간을 쓰고 있는
건 아닌지 점검을 한 후 새로운 관계, 관심사, 물건,
자극들은 잠시 미루고 정신을 위한 다이어트를
하기로 했다.

일상을 먼저 관찰했다. 피곤한 채 누워서 영상을 보다
더 피곤한 채로 잠들진 않는지, 자주 쓰는 물건들은
정리가 잘 되어 있는지, 쉽게 처리할 수 있는 일이 쌓여
있지는 않은지 살펴봤다. 관계도 돌아봤다. 바쁘다는
핑계로 가족과 보내는 시간에 소홀하진 않았는지,
누군가의 시선과 인정을 향해 있는 에너지가 과하진
않은지. 시간이 흐르며 자연스럽게 밀어진 관계와
최근 나에게 큰 영향을 끼치는 주변 사람은 누구일지
살펴보며 덜어내고 정돈하기로 했다.

일상 공간은 최대한 심플하게 정리하고, 쉬고 일하고
자는 공간은 각각의 용도에만 집중할 수 있도록
정비했다. 시청하는 콘텐츠도 줄였다. 연속적으로
빠져드는 것을 스스로 제어할 수 없다면 진입 자체를
덜 하자는 쪽으로. 시간이 유한한 나의 삶에서 내가
쏟아야 할 관심과 사랑을 너무 흩어져 있게 두지
않기로 했다.

중요한 순간을 앞두고 생각을 정돈하는 방법

큰 결정을 앞두고 있거나 중요한 순간이 다가올 때 생각을 어떻게 정리하는 편인가요? 누군가와 대화를 해야 마음이 편해지는 사람도 있고, 평소처럼 평온함을 유지하는 데 집중하는 사람도 있더라고요.

예전과 달리
더 이상 조바심 내지
않게 된 것

내내 조급하게만 느껴졌던 일에서 자유로워진 경험이 있나요? 시간이 흘러도 여전히 조급하게 느껴지는 것이 있다면 무엇인가요? 더 깊게 파고들어 근본적인 이유도 함께 찾아보세요.

직업과 직장을 선택하는 기준

시간이 흐르고 경험이 축적되면 무언가를 선택하는 기준이 자연스레 바뀌기도 하죠. 살면서 깊게 고민하는 것 중 하나가 '일'입니다. 직업과 직장을 선택하는 나만의 기준과 우선순위를 적어 보세요. 타임라인에 따라 변화를 관찰하면, 앞으로 뭘 더 중요하게 여길지도 보일 거예요.

퇴사할 때마다 회고하는 간단한 템플릿이 있다. 회사를 선택했던 이유, 만족했던 부분, 퇴사를 고려할 만큼 치명적이었던 단점, 그럼에도 불구하고 참고 다녔다면 어떻게 되었을지. 단순한 질문 같지만 이 4가지를 통해 내가 했던 선택을 조금씩 더 정직하게 들여다보게 되었다.

시간이 흐르며 추가된 질문도 있다. 회사를 선택할 당시 내가 가장 중요하게 여겼던 가치는 무엇이었는지, 그 가치의 이면에 말로 설명하기 어려운 갈증 같은 감정이 있었다면 그것은 무엇이었는지.
마음 한 편에서 조용히 속삭이던 그 소리도 함께 기록해 두기 시작했다.

돌아보면 4명, 20명, 100명, 5000명 규모의 조직을 경험했다. 오프라인 기반의 작은 팀부터 빠르게 돌아가는 IT 기반의 대기업까지. 조직의 형태가 다양했고 그때마다 내가 놓인 삶의 배경도 달라졌다. 사회에 갓 발을 디딘 스물 즈음에는 새로운 세계에 대한 호기심이 컸고, 서른 즈음 가정을 꾸리고 나서는

안정성과 지속 가능성에 대한 기준이 생겼다. 그렇게
다양한 회사를 만나면서 회사를 바라보는 나만의
기준도 조금씩 또렷해졌다.

일하는 공간이 편안하고 심미적으로 괜찮을 것, 눈살이
찌푸려지는 풍경이 없는 환경일 것, 그리고 '5년 뒤에
여기 있다면 나도 저런 모습일까' 하고 기대하게 되는
존경스러운 어른이 있을 것. 나의 성장에 투자하고,
들인 시간만큼의 보상을 고민하며, 일하는 방법이
굳어 있지 않고 유연하게 진화하는 곳이길 바랐다.
가능한 이런 집단에 나의 시간과 정성을 투자하고
싶다는 생각을 가졌다. 회사를 선택하고 떠나는 과정은
단순히 직장을 옮기는 문제가 아니다. 나 자신을 다시
들여다보고 삶의 방향을 조율하는 일이기도 하다.
그렇게 여러 선택의 순간을 지나며 조금씩 내가
어떤 사람인지, 어떤 환경에서 성장하고 어떤 관계에서
힘을 얻는지 알아가고 있다. 그때마다 남긴 고민의
기록들은 조용하지만 분명하게, 내가 걸어온 방향을
보여주는 작은 점들이 되었다.

기억에 남는 동료와 리더

함께 일했던 동료 중 특별히 기억에 남는 사람이 있나요? 혹은 내게 크고 작은 영향을 주었던 좋은 리더, 나쁜 리더의 모습도 떠올려 보세요. '절대 저러진 말아야지' 하고 반면교사 삼았던 에피소드도 궁금해요.

나이에 대한 고정관념이나 편견이 있나요?

나이에 대한 사회적 고정관념이 점차 흐려지고 있지만, 여전히 흐려지지 않는 편견이 있다면 어떤 것이 있는지 돌아보세요. 특정 나이에 꼭 해야 한다고 생각하는 것 혹은 하면 안 된다고 여겨지는 것이 있나요?

나이를 먹을수록 더 소중하게 여겨지는 것

과거에는 무심했던 것들이 이제는 더 가치 있게 다가오기도 하고, 반대로 예전에 집착했던 것들이 점점 덜 중요하게 느껴지기도 하죠. 나이가 들며 더 소중해진 것 그리고 신경 쓰이게 된 것은 무엇인가요?

일을 처음 시작했을 때의 나와 지금의 내가 크게 변한 점

사회생활을 하다 보니 출근길의 마음가짐, 회사를 바라보는 시각, 일에 에너지를 들이는 정도, 실수를 받아들이는 방법 등 많은 면이 예전과는 달라진 것 같아요. 그 변화를 세심하게 관찰해 보세요. 사회에 이제 막 발을 들인 친구들에게 조언해 주고 싶은 이야기를 적어도 좋아요.

첫 번째, 실수를 감정적으로 받아들이지 않는 것.
'실수했다'는 사실보다 더 절망적인 건 해결 방법이
보이지 않는 상황이다. 사회 초년생 때는 실수했다는
사실 자체를 자책하느라 시간을 허비했다면, 이제는
빠르게 잘못을 인정하고 해결에 에너지를 쏟는다.
대신 한 번 한 실수는 다시 하지 않으려 노력하고
자책은 퇴근 후 맥주 한 잔에 호로록 털어버린다.
여전히 쉽진 않지만.

두 번째, 에너지를 분배할 줄 아는 것. 해야 할 일은
정해져 있고 나의 에너지와 시간은 한정적이다.
예전에는 모든 일에 에너지를 100% 쏟으려 했다면,
지금은 중요한 일에는 150%를, 중요도가 낮은 일에는
10~20% 정도로 조절한다. 에너지를 쓰는 방향도
달라졌다. 개인 차원에서 중요한 일보다 회사 차원에서
효과를 내야 하는 큰일에 집중하는 쪽이
더 효율적이라는 걸 배운 것이다.

세 번째, 어쩌면 당연한 이야기지만 결국 일 자체에
집중하는 것. 과거의 내 태도와 비교했을 때 '회사를
열심히 다니는 것'에서 '일을 열심히 하는 것'으로
방향을 바꿨다. 회사라는 환경에만 집중하면
심리적으로, 관계적으로 에너지가 많이 소모된다.
정작 회사를 떠나면 무의미해지는 것들….
일은 열심히 하면 결국 나에게 어떤 식으로든
남는다는 걸 기억하기로 했다.

삶에서 가장 고요했던 순간과 가장 격렬했던 순간

내 인생에서 가장 조용하고 평온했던 순간과 가장 격렬하고 치열했던 순간은 언제였나요? 그 순간들을 비교해 보며, 내가 가장 나답게 행복했던 때도 함께 생각해 보세요.

시간이 지나도 사라지지 않았으면 하는 것

살을 부대끼며 가족들을 만나는 명절, 따뜻한 봄 날씨, 오래된 밥집, 정겨운 인쇄소 골목 등. 시간이 지나도 사라지지 않았으면 하는 것들을 종이 위에 선명히 새겨 보세요.

책, 어떻게 읽고 있나요?

어떨 때 책을 보는지, 어떤 책들을 주로 보는지, 책 속 문장을 기록하는지, 독서모임에 참여하는지 등 책을 대하는 태도와 방식을 돌아보세요. 내가 어떤 식으로 경험을 쌓아가는지 알 수 있을 거예요.

**책을 대하는 태도는 최대한 느슨하게,
책을 읽는 순간은 최대한 집중해서**
당장 입지 않더라도 사고 싶은 옷을 사듯,
당장 읽지 않더라도 언젠가 읽고 싶은 책들을
사서 쌓아둔다. 유통기한이 있는 것도 아니니
빨리 소화해야 한다는 압박감은 내려두었다. '책을
사는 일련의 과정 또한 재미있는 일인 걸 어째,
언젠간 읽을 거니까~', '읽다가 그만둘 수도 있지,
입맛에 안 맞는 음식을 다 먹어야 하는 것도
아닌데 뭐. 꼭 결말에 도달하지 않아도 괜찮아'라고
생각하며 편하게 독서를 즐기기 시작했다. 완독에 대한
부담을 내려두니 책과의 사이가 더 가까워졌다.

책을 둘러싼 나의 마음들
- 여행 갈 때 책을 챙기는 건 사치스러우면서도 즐거운 일이다. 무슨 옷을 입을지보다도 더!
- 책을 표지 색깔별로 정리해 보았다. 나에겐 무슨 색의 책이 가장 많을까?
- 밑줄 치며 읽은 책을 시간이 한참 흐른 뒤 다시 보면, 지난날의 나의 생각도 함께 읽을 수 있다.
- 종종 필사를 한다. 한 글자 한 글자 눌러쓰다 보면 마음에도 문장이 새겨지는 기분이다.
- 책을 선물하는 일은 하나의 세상을 열어주는 일.
- 영상을 볼 때는 누군가 떠먹여주는 맛있는 밥을 허겁지겁 먹는 느낌이라면, 책을 직접 고르고 읽을 때는 무슨 요리를 할지 떠올리며 느긋하게 직접 장부터 보는 느낌이다.
- 안 읽은 책이 쌓여 있을 땐 죄책감보다 설렘이 가득하기를.

다시 보니
더 좋았던 영화

봤던 영화를 다시 보고, 갔던 여행지에 다시 가는 걸 좋아합니다. 처음에는 보이지 않던 부분이 보이기도 하고, 바뀐 나의 상황에 따라 새롭게 느껴지는 것들도 많으니까요. 다시 보니 더 좋았던 영화가 있나요? 어떤 부분이 왜 더 좋게 느껴졌는지 생각해 보세요.

막상 해보니
의외로 좋았던 것

망설이거나 별다른 기대 없이 시작했는데, 막상 해보니 예상보다 좋았던 경험이 있나요? '진작 할 걸!' 싶었던 것들이요.

- ☐ 계획 없이 떠나는 여행
- ☐ 생각나는 사람에게 보내는 뜬금없는 안부 인사
- ☐ 해 뜨기 직전의 새벽 러닝
- ☐ 여행자의 마음으로 걷는 서울 구석구석
- ☐ 오래된 편지 꺼내 읽기
- ☐ 연도별, 계절별 플레이리스트 만들기
- ☐ 우중 산책
- ☐ 나 혼자 고깃집
- ☐ 스타일이 좋은 점원분께 칭찬 건네기
- ☐ 주기적인 비우기. 비우기를 위한 중고 거래
- ☐ 고민 상담
- ☐ 나를 위한 비싼 초콜릿 선물
- ☐ 따뜻한 차 한 잔으로 시작하는 아침

조금 더 일찍 배웠으면 좋았을 무언가

살다 보면 '이걸 그때 배웠더라면' 싶은 것들이 하나둘 생겨나죠. 조금 더 일찍 알았다면, 일찍 배웠다면 싶은 것이 있나요? 지금 시작해도 생각보다 늦지 않았을 수도 있어요.

최근 생긴
가장 큰 변화

최근 나의 삶에서 가장 크게 달라진 것을 딱 하나만 꼽아 보세요. 그 변화는 나에게 어떤 영향을 주었고, 앞으로 어떤 변화를 가져올까요?

조건이 참 많은 사람이다. 예전엔 호불호가
강한 것이라고 생각했는데 요즘은 예민도가 높은
성격 탓이라는 생각이 든다. 카페 하나를 고르더라도
2시간 정도 앉아서 집중했을 때 사장님이 나를
불편해하지 않았으면 싶어서 일부러 넓은 곳을 찾는다.
작은 규모의 카페에 갔을 땐 음료를 적게는 2잔,
많게는 3잔을 시킨다. 배경 음악은 틀어져 있되
가끔 내가 좋아하는 노래가 나왔으면 좋겠다.
가능하면 창밖 뷰가 있거나 공간이 쾌적했으면 한다.
이러한 조건들이 충족되어야 생산성이 올라가
해야 할 일들을 빠르게 진행할 수 있고, 좋은
아이디어를 마구 떠올릴 수 있다.

하지만 이제 와 생각해 보니 맘에 드는 카페를 찾고
이동하는 시간을 계산해 보면, 정작 내가 사용하는
온전한 시간은 고작해야 2시간 남짓. 하고 싶은
일이 많은 만큼 시간 씀씀이도 신경 써야만 한다.
마음먹은 일은 '**그냥 해내는 힘**'이 필요하겠구나 싶다.
시작하기도 전에 이것저것 따지는 대신 최소한의
여건이 마련되었다면 **그냥 해보는 그런 힘!**
반복적으로 이루어지는 일들에는 어느 정도 단순해질
필요가 있다. 그래서 지금 이 글도 가장 편한
옷차림으로 내 방에서 적고 있다. 집중을 방해하는
잡동사니만 치워둔 채.

새로움을 받아들이는 나의 태도

점점 더 짧은 주기로 새로운 것들이 생겨나는 세상. 새로운 것을 바라보는 나의 시선은 어떤지, 그것들을 받아들여야만 하는 상황에서 어떤 태도를 보이는지 생각해 보세요.

변곡점을 만든 도전의 순간

삶을 바꿔놓은 도전이 있었나요? 그런 경험이 있는 사람이 내심 부럽기도 한데요, 기억에 남는 변화에 대해 생각해 보고, 이전과는 얼마나 다른 모습으로 살게 되었는지도 적어 보세요.

나의 주변에서는 어떤 일들이 벌어지고 있나요?

'내 나이 때', '저 나이 때'라는 말을 흔히 사용해요. 삶의 흐름 속에서 비슷한 '나이 때'에 겪게 되는 일들이 있어요. 요즘 내 주변에서는 어떤 변화와 고민들이 자주 느껴지나요? 그 속에서 나는 어떤 생각을 하고 있나요?

얼마 전 친구의 갑작스러운 부고를 전해 듣고
장례식장에 다녀왔다는 엄마. 가까운 친구의 죽음은
처음이라 그 상황이 많이 낯설고 더 슬펐다고 하셨다.
주변에서 하나둘 아프기 시작하고 '이제 이런 일들이
조금씩 생기겠구나' 문득 무서운 기분도 들었다고.

반대로 나는 요즘 부쩍 결혼 소식을 많이 접한다.
결혼의 의미, 필요성, 방식, 적합한 시기는
과거와 달라졌지만 그럼에도 내 나이가 통상적으로
'결혼하는 때'에 들어섰구나 하고 느낀다.
개인적으로는 결혼하는 때가 따로 있나 싶지만
사회생활을 하며 삶의 기반이 조금씩 갖춰지는 때,
2세를 계획하고 있다면 신체 나이가 적합할 때 등
인생에 어느 정도 '그럴 때'라는 흐름은 있는 것 같다.

취업, 이직, 여행, 결혼 등 새로운 출발점에 선
사람들이 많은 나와 달리, 이별과 조금씩 가까워지는
시기를 보내고 있는 부모님. 자식을 출가시키고,
오랜 친구와 작별을 겪고, 긴 회사 생활을 마무리하는
순간들. 시간이 흐르면 나 역시 언젠가 마주하게 될
이별의 감정들이 조금은 두렵게 느껴진다.

척했던 경험

신경 안 쓰는 척, 괜찮은 척, 멋있는 척, 좋아하는 척, 아닌 척. '척했던' 경험을 떠올리면서 뒤늦게 깨달은 나의 진짜 모습은 무엇인가요?

예전보다 더 조심스럽게 말하고 행동하게 된 것

나이가 들수록 누군가를 쉽게 판단하거나, 결과물에 대해 평가하듯 표현하는 것을 조심하게 돼요. 예전에는 쉽게 내뱉었지만 이제는 한 번 더 생각하게 되는 말과 행동이 있나요?

인간관계에서 중요하다고 여기게 된 것

관계를 맺고 유지하는 과정에서 예전보다 더 중요하다고 생각하게 된 것이 있나요? 적당한 거리감, 공통분모, 대화의 질, 삶의 가치관 등이 당장 떠오르네요.

이런 사람이 좋다.
- 각자가 살고 있는 세계를 이해해 주는 사람
- 관계에 크게 집착하지 않는 사람
- 가식 떨지 않는 사람
- 마음 깊숙한 곳에 선함이 자리한 사람
- 입체적인 매력이 있으면서도,
  앞뒤가 크게 다르지 않은 사람
- 자기 것이 있는 사람.
  그래서 남의 것도 존중할 줄 아는 사람
- 삶에 위트가 있는 사람
- 대화에 알맹이가 있는 사람. 눈빛과 제스처,
  흘러가는 대화의 흐름이 자연스러운 사람
- 좋아하는 것을 말할 때 눈이 반짝이는 사람
- 미래를 함께 이야기할 수 있는 사람
- 누구와든 공통분모가 있는 사람

이런 사람은 싫다.
- 자기만의 기준이 확고한 것을 넘어 그것을 강요하는 사람
- 뭐든 쉽게 판단하는 사람
- 자기가 경험한 세상이 전부인 줄 알며, 그 경험만이 옳다고 착각하는 사람
- 뽐내는 것에 에너지를 많이 쓰는 사람
- 약자에게 무례한 사람
- 배우려고 하지 않는 사람

고민이 있을 때 찾아가는 사람

고민이 있을 때 유독 찾게 되는 사람이 있나요? 혹은 고민을 정리하는 나만의 방법이 있나요? 힘들 때면 고요한 자연 속으로 향하거나, 단골 카페와 동네 도서관 등 특정 장소에 가는 걸로 해결할 수도 있겠죠.

한 번도 생각해 보지 않은 나와 전혀 관계없는 분야

게임 캐릭터처럼 목숨이 3개라면 어떤 직업을 선택했을까 막연히 상상해 보곤 하는데요, 지금까지 한 번도 관심을 가져 본 적 없는, 나와 전혀 관계없는 분야가 있나요? 예상하지 못했던 범위까지 생각을 확장해 보세요.

내 안에서 가장
다루기 어려운 감정

성향과 성격에 따라 컨트롤하기 어려운 감정들이 다 다를 거예요. 유독 취약한 감정이 올라올 때 나는 어떻게 반응하고, 어떻게 다스리나요?

혼자 있을 때 비로소 알게 되는 나의 진짜 모습

혼자만의 시간은 스스로에게 더 솔직해지는 순간이자 나의 민낯을 마주하는 때이기도 하죠. 사람들과 함께 있을 때와는 확연히 다른 모습이 있나요? 혼자 있을 때의 행동과 감정 중 나의 진짜 모습이라 느껴지는 것들을 적어 보세요.

관심을 적극적으로 구애하는 사람들을 보면 괜히
거리감이 느껴져 선을 그었다. 저 사람은 나와
본질적으로 다른 사람이겠거니…. 나는 세 명 이상이
나를 쳐다보는 것이 불편하고 부담스럽다. 누군가의
시선으로부터 자유롭고 싶다. 앞에서 떠들고 박수받는
것보다는 뒤에서 경청하며 박수 치는 것이 더 편하다.
단어 하나하나 촉을 세워 사용하고 싶지 않다.
불친절함 혹은 실망스러운 기억에 끄적인 나의 리뷰
따위가 어떤 이의 가게 매출에 영향을 끼치지 않았으면
한다. 나의 영향력이 커지거나 필요 이상으로 넘치는
관심은 싫다. '관종'은 절대 아니라고 생각했다.

최근 들어 혼자 있는 시간이 많아지며 내 마음에 이런
감정들이 일었다. 지칠 땐 엄마의 전화가 절실하다.
오래 연락하지 못한 친구들의 전화가 고플 때도 있다.
가깝지 않았던 사람들의 안부 카톡이 반갑고 고맙다.
모르는 사람들이 내 글을 읽고 정성스러운 메시지를
보내주면 부끄럽지만 뭉클한 여운이 오래 남는다.
힘들다고 툴툴거린 게시글에 힘내라는 댓글이 달리면
위안을 얻는다. "지난주에 오셨는데 또 오셨네요"라는
카페 직원의 섬세한 한마디에 기분이 좋아지기도 한다.

관종이 아니라고 선을 그었지만 사실 나도 당신도
우리 모두 관종일지 모른다. 관심을 받고자 하는 대상,
관심의 깊이와 정도, 관심을 주고받는 방법 등이 다를
뿐. 나는 어떤 온도의 관심을 받을 때 진정 행복함을
느끼는 사람일까. 누구의 관심을 필요로 하며 살아가고
있을까.

올해 새롭게 한 다짐

올해를 시작하며 어떤 다짐을 했나요? 잘 지켜지고 있는지 점검해 보세요. 남은 한 해는 어떻게 보내고 싶나요?

몸도 마음도
건강한 삶을
살고 있나요?

신체적 건강만큼 중요한 정신적 건강. 내 몸과 마음의 컨디션을 종합 점검해 보세요.

Chapter 3
스치는 생각들

흘려보낸 줄 알았던 작은 생각들이
나의 선택을 이끌거나 방향을 제시해 주기도 해요.
요즘 나는 어떤 생각을 하며 살아가고 있나요?
스치는 생각들을 붙잡아 끄적여 보세요.

사진첩에 비중이 가장 많은 존재

핸드폰 사진첩 속에 주로 무엇이 담겨 있나요? 사람, 장소, 사물, 스크린샷, 음식, 풍경…. 나도 모르게 붙잡아 두고 싶었던 순간과 장면을 들여다 보세요.

나와 비슷한 성향을 가진 사람, 나와 다른 성향을 가진 사람

나와 비슷한 면에 호감도가 높아지는 사람이 있는 반면, 나와 닮은 모습 때문에 신경이 쓰이는 사람도 있어요. 나에게는 없는 모습에 자꾸 관찰하게 되는 사람도 있고요. 요즘엔 MBTI를 물으며 이린 생각을 자주 하곤 하죠. 누구를 떠올려도 괜찮으니 슬며시 탐구해 보세요.

나와 비슷한 성향의 사람을 보며 생각한 것

▸ **배려는 배려답게**
배려할 때 생각해 볼 법한 것. 진짜 상대를 위한
일일까? 나를 위한 일일까? 배려라는 명목으로
누군가에게 불편함을 주진 않았을지 생각해 본다.
지나친 배려는 상대와 나 모두에게 독이 될 수
있다는 것을.

▸ **솔직함이 독이 된다면 그건 무례함**
호불호나 의견을 강하게 이야기하는 편이었다.
어릴 땐 '솔직한 성격' 때문이라고 믿었는데 가끔
나와 비슷한 사람을 보면 그것이 무례함이었을지도
모르겠다는 생각을 한다. 솔직하게 이야기하는 것과
솔직한 이야기를 '강하게' 표현하는 것은 분명히
다르다.

나와 다른 성향의 사람을 보며 생각한 것

> **감사함을 자주 내비치는 삶**
> 사실 딱 한 끗 차이다. 모든 것에 불만을 가지는
> 것도, 감사함을 느끼는 것도. 크게 아픈 곳 없는 것,
> 따뜻한 밥을 먹으며 편안하게 쉴 수 있는
> 내 공간이 있다는 것에 감사하다. 그렇지 않다 한들
> 나의 소중한 사람들이 건강하게 지내는 것만으로도
> 충분하다. 예전에는 굳이 감사할 일을 자꾸 상기해야
> 하나 싶기도 했지만, 결국 그 마음이 내일을 더
> 잘 살게 만드는 단단한 힘이 되어주는 것 같다.

> **빠른 길보다는 맞는 길로, 천천히 가는 속도**
> 엄마는 지름길을 알려주는 사람이 아니다. 길을
> 걷다가도 그 옆에 핀 꽃을 한 번 더 쳐다보게 해주는
> 사람이자, 잠깐 하늘을 보고 여유를 가질 수 있게
> 해주는 사람이다. 방향성에 대해 많은 고민을 하는
> 요즘, 엄마는 직접적인 길라잡이가 되어주지는
> 않지만 조금 더 나은 방향으로 가게끔 만들어주는 건
> 확실하다.

대화할 때
즐거운 사람

사람과의 관계에서 가장 중요한 것 중 하나가 대화죠. 평소 시시콜콜한 이야기를 나눌 때 유독 즐거운 사람은 누구인가요? 혹은 어떤 성향의 사람들과 대화할 때 행복한가요?

대단하다고 느끼는 사람들이 있다면?

존경하거나 감탄하게 되는 사람들을 떠올려 보세요. 그 사람의 어떤 점이 나에게 영감을 주나요? '대단하다'는 것의 정의를 어떻게 내리고 있는지도 생각해 보세요. 기준이 자주 바뀌는 것 같다면, 변화의 과정도 적어 보고요.

가까운 사람에게 들었던 쓴소리

나를 잘 아는 가까운 사람이 뼈 아픈 말을 하면 훌훌 털어내기가 쉽지 않죠. 오랜 시간이 지나도 문득문득 떠오를 테고요. 때로는 나의 좋지 않은 점을 바로잡아주는 가장 확실한 방법인 것 같기도 해요.

예전에 만났던 연인에게 들었던 말 중 아직도 가슴에
꽂혀 있는 것이 있다.
**"너는 사랑받고만 자라서, 사랑받지 못하는 게
불안할 거야."**
거의 10년 전 이야기지만 지금도 가끔 그 말을
곱씹는다.

돌아보면 나의 약점 중 하나는 '결핍의 부재'다.
복에 겹게 모든 것을 다 가졌다는 말은 아니다.
그저 큰 결핍이 없는 상태로 애매하게 살아왔다는
것이다. 어릴 때부터 어떤 집단에 속하든 기가 죽거나
혼나는 일이 별로 없었다. 그렇다고 1등을 독식하는
모범생이었던 것도, 주변이 감탄할 천재였던 것도
아니다. 뭐든 적당히 잘하는 아이였다. 대상은
아니어도 우수상이나 최우수상은 자주 받는 정도.
겉보기도 뛰어나진 않지만 부끄러움을 느낀 적은 없다.
갖고 싶은 것도 대부분 가져왔다. 그리고 가질 수 없는
것은 탐하지 않는 법을 스스로 일찍이 배웠다.

작은 결핍과 강한 욕망이 불꽃 튀는 에너지원으로
변화하는 경우를 여럿 보면서, 여러모로 미적지근한
상태의 내가 애매모호하다는 생각이 들었다.
적당히 안전한 아스팔트 길을 걸어온 것만 같다.
무언가에 온 마음을 다해 에너지를 쏟아붓거나 부서질
각오로 부딪쳐 본 적이 없다. 힘든 상황을 마주할
때마다 내 안에 이를 돌파할 강한 원동력이 부족하다는
생각이 들곤 한다. 가진 것이 많아서가 아니라
부족함을 절실히 느껴본 적이 없어서.

삶을 대하는 나의 태도 중 유지하고 싶은 것

'삶을 대하는 태도'에 대해서 진지하게 고민한 적이 있나요? 나에게서 한발 떨어져 돌아본 후 꼭 지켜나가고 싶은 것과 고치고 싶은 것을 헤아려 보세요.

좋아하는 단어, 직접 정의하고 싶은 그 단어의 의미

특별히 좋아하는 단어를 몇 가지 적어 보세요. 사전을 찾아보지 말고 '느낌적인 느낌'으로 나만의 의미를 부여한 후, 사전적 의미도 나란히 기입해 보세요.

다들 "좋다 좋다" 하니 좋다고 착각했던 것이 있나요?

좋다는 평이 지배적인 것에 대해 왠지 나도 좋다고 느껴야 할 것 같은 상황을 겪어 본 적 있나요? 남들은 열광하는데 나에게는 별로였던 무언가를 떠올려 보세요. 이번만큼은 소신 있게!

SNS 계정이 없는 사람은 유니콘 같은 존재가 되어버린
요즘. 아기자기한 소품을 좋아하는 친구 혜미를 보고
있으면 세상에 마구 자랑하고 싶은 생각이 든다.
독특한 아이템을 찾아내는 남다른 시선과 방 안의
다양한 컬렉션을 친구들끼리만 보기엔 너무 아깝다.
혜미에게 인스타그램을 할 생각은 없냐고 물었더니
"SNS를 보면 질투가 너무 많이 나. 그래서 안 해"라는
귀여운 대답이 돌아왔다. 이유마저 귀엽게 표현하다니,
혜미다웠다.

우리 동네에 놀러 온 혜미를 데리고 조금 뻔한가 싶은
유명 카페에 간 적이 있다. 남들이 다 찍는 포토존이
버젓이 있는데 혜미는 굳이 예상치 못한 구석을 찾아내
사진을 찍었다. SNS를 하지 않아서인지
오히려 신선한 시선을 가진 것 같단 생각이 스쳤다.
누군가의 취향이 스며들어 내 것인 듯 착각하는 나보다
이 친구가 더 '자기다워' 보였다.

상식과
비상식의
경계

상식이란, 정상적인 사람들이 가지고 있어야 할 일반적인 지식, 이해력, 판단력, 사리분별력을 의미합니다. 삶의 방식이 다양해지며 상식의 경계가 점점 흐려진다고 느끼기도 하는데요, 상식과 비상식을 나누는 기준은 무엇인지, 과거와 비교해 지금은 비상식이 되어버린 것은 무엇인지 생각해 보세요.

무의식중에 나오는 언어적, 비언어적 습관

"너는 말을 할 때 손을 되게 많이 쓰네. 손을 쓰는 직업이라 그런가?" 대화를 하던 중 친구에게 들었던 말이에요. 인지하고 보니 실제 그렇더라고요. 스스로 의식하지 못한 채 쓰게 되는 언어적, 비언어적 습관이 있다면 적어 보세요. 왜 그런지도 함께 떠올려 보고요.

들키고 싶지 않은
나의 모난 생각

누군가 나의 생각을 스캔한다고 상상하면 끔찍하리만큼 부끄러운 모난 생각들을 할 때가 있죠. 들키고 싶지 않은 부정적인 생각, 누군가를 향한 뾰족한 감정들이 있다면 여기에 몰래 적어보세요. ※비밀보장

언젠가 바람 빠진 축하를 받아본 적이 있다. 그리고
그런 축하를 해본 적도 있다. 축하받아 마땅한 상대의
상황과 나를 비교했을 때 씁쓸한 기분이 들거나
부러운 마음이 앞서면, 축하해 줄 마음의 여유가 없다.
무의식중에 보내는 축하에는 어딘가 힘이 빠져 있기
마련이다. 사랑하는 사람들의 좋은 일을 진심으로
축하해 주기 위해서는 상황을 분리해서 볼 줄도 알아야
한다. 내 마음이 힘들지라도 축하의 순간만큼은
잠시 잊고, 나보다 주인공을 위하는 마음이
내게 자리 잡기를.

요즘 가장 깊이 빠져 있는 생각

다른 일을 하다가도, 누워서 쉬다가도 끊임없이 떠오르며 나도 모르게 몰입하게 되는 주제가 있나요? 그것이 지금의 나에게 어떤 시그널을 보내고 있는지도 함께 생각해 보세요.

사랑하는 이들의 죽음에 대해 깊이 생각해 본 적이 있나요?

소중한 이들을 떠나보낸 적이 있나요? 혹은 그들의 부재를 떠올려 본 적이 있나요? 상실을 마주했을 때 내가 느낀 감정과 생각을 표현해 보세요. 단단한 마음을 쌓아 올리는 데 조금 도움이 될 거에요.

나만의 행동 강령

어떤 상황에서도 지키고 싶은 나만의 원칙, 스스로 중요하게 여기는 행동 기준이 있다면 적어 보세요. 횡단보도에서 뛰지 않기, 선물은 감사하며 기분 좋게 받기. 이처럼 소박한 리스트도 좋아요.

횡단보도에서 뛰지 않기

초록불에서 빨간불로 바뀌기 일보 직전, 다음 신호를
기다리는 시간이 아까워 전력질주하곤 했다. 줄어드는
숫자의 다급한 속도에 맞춰 허겁지겁 뛰다 보면 호흡도
함께 튕겨나간다. 그러던 어느 날 몇십 초 후 결국
돌아올 초록불, 잠깐의 시간을 기다릴 여유를 챙기고
싶단 생각을 했다. 요즘엔 신호를 기다리는 동안
잠깐 하늘을 올려다보거나, 멍을 때리거나,
놓쳤던 메신저를 확인한다. 단, 함께 있는 이와
눈빛으로 '우리 뛸까?' 하는 마음이 통했을 땐
주저 없이 시원하게 달려버린다.

축하와 위로 제때 하기

축하와 위로에도 타이밍이 있다. 조금 더 성의 있게
챙겨주고 싶은 욕심에 축하 타이밍을 놓친 적이 많다.
위로도 마찬가지다. 진심을 더 담으려다 막상 꺼내지
못한 말들이 있고, 겁이 나서 속으로 삼켜버린 적도
많다. 기쁜 일도 넘치지만 슬퍼할 일도 많은 세상.
그런 세상을 우리는 함께 살아간다. 축하와 위로의
적당한 타이밍을 놓치지 않는 것. 그게 인생을
잘 살아가는 데 필요한 기본 중의 기본인지도 모른다.

고정적인 우선순위 지키기
몸에서 보내는 신호를 무시하고 살다 크게 아픈 적이 있다. 이제는 이상한 낌새가 느껴지면 하던 일을 멈춘다. 평범한 일상을 보낼 때는 우선순위에 없는 듯 여겨지지만, 사실 무엇보다 앞에 있어야 하는 게 건강이다. 일도, 재미도, 관계도 모두 중요하지만 건강을 해쳐가면서까지 해야 할 것이 과연 있을까? 더 이상 미련하게 후회하고 싶진 않다.

작은 행복, 잦은 행복
끓는 점이 낮아 스트레스도 쉽게 받지만 '행복의 개화점'이라고 해야 하나, 그 또한 기준이 높지 않아 사소한 일에 금세 행복해진다. 건조기에서 갓 나온 따뜻한 빨래, 깔끔하게 정돈된 이부자리, 창문 틈 사이로 들어오는 산뜻한 공기, 시원한 물 한 잔…. 일상 틈틈이 별거 아닌 행복의 순간이 참 많다. 이렇게 작은 행복들을 잦은 빈도로 느끼며 살고 싶다.

일하는 이유

나는 무엇을 위해 일하고 있으며, 내 삶에서 일은 어떤 의미를 가지나요? 사회에 보탬이 되기 위해서, 생계를 위해서, 성장이나 성취를 위해서 등 일하는 이유는 다양할 테죠. 한두 가지로 정의하기 어려울 수도 있겠지만, 우선순위를 좁혀 보세요.

일과 행복의 관계

나에게 일과 행복은 같은 선상에서 논의될 수 있는 단어인가요? 밀접하게 연관될 수도, 아예 분리되어 있을 수도 있어요. 스치는 생각들을 떠올리며 둘의 관계를 들여다보세요.

요즘 가장 화제라고 느끼는 것은 무엇인가요?

내가 속한 집단, 내가 만나는 사람들, 내 눈에 띄는 책, 나의 알고리즘…. 현재 내가 살아가는 세상에서 일어나는 일들을 취재하듯 관찰해 보세요.

어떤 기사든 읽는 도중 스크롤을 쭉 내려 댓글을 본다. 소위 도파민에 중독되어 댓글로 자극을 좇는 걸까, 어렴풋한 내 생각을 댓글로써 확인하고 싶은 걸까? 잘 모르겠지만 어쨌든 오래도록 손에 밴 습관이다. 댓글을 읽으면서 함께 분노할 때도, 함께 공감할 때도 있지만 세상이 참 낯설게 느껴진다는 마음이 들 때가 많다. '이런 생각을 하는 사람도 있구나' 하며 놀라다가 댓글에 달린 좋아요 수를 보고 멈칫한다. 국내 포털 기사 댓글을 분석했을 때, 댓글을 많이 단 상위 10%의 사람이 전체 댓글 양의 70% 이상을 차지한다고 한다. 소수가 지배하고 있는 온라인 세상이란 생각이 들었다. 이슈에 빠르게 반응하는 일부가 쏟아내는 생각이 곧 여론이라 착각하게 되기도 한다. 나부터도 그런 경향이 있었고….

또 모순적이지만 '원래 다 이런 거지?' 생각하며
제 발로 찾아간 댓글 창에서 위안을 받을 때도 있다.
종종 겪는 우울감, 답이 없는 고민에 대한 힌트를
얻기 위해 영상을 보다 보면 비슷한 어려움을 겪는
사람들이 어찌나 많던지….

평소엔 관심 있는 콘텐츠에 달린 댓글, 팔로우 맺은
이들이 올리는 일상들, 그들이 유행이라고 말하는
어떤 현상과 아이템들에 쉽게 매혹된다. 나의 선택에
의해 짜인 알고리즘으로 세상을 바라보는 내가 괜히
걱정된다. 똑같은 시간을 살아가지만 어쩌면 모두
각자의 세상 속에 갇혀 살고 있는 게 아닐까. 지금,
당신이 살고 있는 세상에서는 어떤 일이 벌어지고
있는지 묻고 싶다.

어떤 이유에서든
절대 참을 수 없는 것

이유 불문. 단호하게 참을 수 없는 것이 있다면?

사회의 여러 악惡 중 가장 사라졌으면 하는 것

'이것만은 제발 없어졌으면 좋겠다'고 간절히 바란 것이 있다면, 이유와 함께 적어 보세요. 우리 사회는 어디로, 어떻게 나아가야 할까요?

다정함이란?

마음이 쓰이는 방향, 시선이 향하는 방향. 저는 다정함을 '방향'이라는 관점으로 정의하고 싶어요. 나에게 다정함이란 어떤 존재인지 나름대로 정의를 내려 보세요.

마음이 쓰이는 방향, 시선이 향하는 방향, 다정함은
방향이다. 다정함은 수고로움이다. 한 번 더 확인하고
물어보는, 먼저 손을 건네는…. 다정함은 능력이다.
학습이 가능한 매너와 다르게 다정함은 꾸준히
길러내야 한다. 다정함은 느리다. 따뜻한 물에 차를
우리듯 천천히 새어 나온다. 다정함은 비효율적이다.
다정한 사람은 남들보다 시간을 더 쓴다. 먼저
움직이고 먼저 관심을 가진다. 같은 말에도 들이는
정성과 시간이 더 많다.

나는 누구에게 얼마나 다정한 사람인가.
또 누구에게 다정한 관심과 사랑을 받고 있는가.

더 나은 세상을 위해 내가 할 수 있는 일

나에 대한 질문에서 잠시 멀어져 시선을 주변으로 옮겨 볼까요? 지금보다 더 나은 세상을 위해 내가 할 수 있는 일에는 뭐가 있을까요? 거창할 필요는 없어요. 마음가짐을 조금 바꾸는 것만으로 세상에 도움이 되는 일도 분명 있을 거예요.

- 가능한 오래 쓸 수 있는 것을 만들고, 소비하기
- '유행'보다 '이유'를 따라가기
- 적게 사되, 제대로 고르기
- 나만의 방식으로 실천 이어가기
- '빠르게'보다 '바르게' 움직이기
- 작아 보여도 변화를 만드는 습관 지키기
- 가십거리에 쉽게 휩쓸리지 않기
- '비판'과 '비난'을 구분하기
- '다름'을 '틀림'으로 여기지 않기
- 나의 무지가 누군가의 상처가 되지 않도록 하기
- 때로는 불편함을 감수하기
- 확신 앞에서 신중하기

나에게 필요한 자유로움

자유에는 여러 형태가 있어요. 시간의 자유, 생각의 자유, 경제적 자유, 관계로부터의 자유, 과거로부터의 자유 등. 나는 지금 어떤 자유를 필요로 하는지 스스로에게 알려 주세요.

최근에 한 가장 좋은 결정, 그 결정들이 향하는 방향

최근 내 삶에 긍정적인 영향을 준 결정이 있다면 무엇인가요? 나아가 크고 작은 나의 결정들이 향하는 방향 속에서 어떤 키워드가 발견되는지 관찰해 보세요.

6개월 전 퇴사를 했다. 회사라는 곳이 한 사람의
인생에서 많은 것을 보호해 주는 울타리이기도 하기에
퇴사를 결정하는 데까지 고민이 많았다. 개인적으로
직전 회사는 여러모로 안정적이라는 사실이 참 좋았다.
나라는 사람 자체가 워낙 변동성이 크기에
우직하게 그 자리에 있어주는 회사가 버팀목처럼
여겨졌다. "네 인생이 마음껏 흔들려도 괜찮아,
뒤에 내가 있어"라고 말해주는 느낌이랄까?

그럼에도 결국 그곳을 떠났다. 이직 동기가 말하길,
우리는 하루살이 같아서 이곳에 어울리지 않는 것
같다고 했다. 몸이 타버릴지라도 더 뜨거운 곳에
뛰어들어야만 하는 사람들이라고. 정말 그래서였나,
입사한 지 3년이 채 되기 전 회사를 나오게 됐다.
뚜렷한 목표는 없었다. 더 나이 들기 전에, 가지고 있는
게 많지 않을 때, 책임질 게 조금 더 적을 때, 스스로
내던짐을 당해보고 싶었다. 아무것도 없는 상황에서
내가 어떤 선택을 할까? 막연한 자신감과 그 뒤에
따라오는 불안함이 공존했다. 사춘기 학생처럼
나도 나를 모르겠다고 되뇌며 큰 결정을 해버렸다.

퇴사한 이후 고민할 겨를도 없이 새로운 일을 하게
됐다. 한 번도 겪어보지 않은 영역의 일을 우연한
기회로 맡게 되었고, 일을 시작하기 전부터 속으로
온갖 호들갑을 떨었다. 몰랐던 세상이 펼쳐진다는
사실에 마음이 즐거웠다. 무언가를 배운다는 건
또 하나 고개 숙일 영역이 생긴다는 것이고, 누군가를
존중하는 방법을 배우는 것이기도 하다. 둥지를 떠나서
날아보겠다고 발버둥 치는 작은 새 같은 나. 어디에
안착하게 될지는 몰라도 모험을 떠났다는 사실이,
나를 위해 내린 나름의 큰 결정이 결국 '잘한
선택'이기를 바라본다.

삶에서 가장 중요한 것

삶에서 중요한 것들을 가볍게 쭉 나열해 보세요. 가족, 친구, 돈, 자유, 경험, 신념, 소비, 배움 때로는 무형의 감각일 수도 있지요. 그런 다음 우선순위를 매겨 보세요.

나다움을
표현할 수 있는
단어와 문장

고등학생 시절, 몇몇 친구들에게 '나를 생각하면 떠오르는 단어'를 30초 안에 적어달라고 한 적이 있어요. 남들이 정의하는 '나의 키워드'가 흥미롭더라고요. 나를 가장 잘 표현하는 단어나 문장은 무엇인지 스스로 생각한 후 주변 사람들에게도 질문해 보세요.

Chapter 4
꿈꾸는 모습들

꿈꾸는 모습이 있다는 것만으로도 삶은 조금 더 즐겁고 설레요.
지금 마음속에 떠오르는 꿈의 조각들을 살펴보고
앞으로 나아갈 나의 모습을 상상해 보세요.

시간이 지나도 변하지 않길 바라는 내 모습

내가 좋아하는 내 모습 하나쯤은 다들 있을 거예요. 생각하면 킥킥대게 되는 귀여운 면, 아무도 못 말리는 엉뚱한 면, 쉽게 포기하지 않는 고집스러운 면…. 작은 구석이라도 좋으니 떠올려 보세요.

스스로 고치고 싶은 부분이 있다면?

바꾸고 싶은 모습이 있나요? 뿌리치고 싶은 부분, 더 단단해지고 싶은 부분, 더 유연해지고 싶은 부분, 더 깊어지고 싶은 부분 등 다방면에서 생각해 보세요.

인간을 바꾸는 방법은 3가지뿐이다.
시간을 달리 쓰는 것, 사는 곳을 바꾸는 것,
새로운 사람을 사귀는 것.
이 3가지 방법이 아니면 인간은 바뀌지 않는다.

_《난문쾌답》오마에 겐이치, 흐름출판(2012)

일본의 경영학자 오마에 겐이치는 사람이 변하려면
3가지가 바뀌어야 한다고 말했다. 시간을 다르게
쓰거나, 사는 곳을 바꾸거나, 새로운 사람을
사귀거나. 마음가짐보다도 시간, 공간, 사람 같은
환경의 직접적인 변화가 결국 나를 바꾸는 힘이
된다고 받아들였다. 이 말에 적극 동의한다. 우리의
마음가짐은 한낱 바람 같지 않은가. 굳게 한 다짐도
육체가 힘들거나 정신이 피폐해지면 무너지기
십상이다. 절실한 변화가 필요하다면 주변 환경부터
바꿔 보자. 현실에서 큰 변화를 당장 만들 수 없다면,
작은 단위에서부터 시작해 보는 것도 방법이다.

책을 자주 읽고 싶다면, 눈에 보이는 곳에 책을 두자.
건강한 것을 먹고 싶다면, 배달 앱을 삭제하자.
매일의 루틴을 만들고 싶다면, 정해진 시간에 알람을
맞춰 보자. 다이어트를 하고 싶다면, 몸의 상태가
적나라하게 드러나는 홈웨어부터 입자. 글 쓰는 습관을
만들고 싶다면, 노트나 메모 앱을 바로 열 수 있는 곳에
두자.

이렇듯 평소에 쉬웠던 나쁜 행동을 어렵게 만들어
보고, 원하는 행동을 쉽게 할 수 있도록 만들어 보는
게 꽤 도움이 된다. 환경이 바뀌면 행동이 달라지고,
행동은 결국 나를 변화시킨다. 변화를 원한다면
무엇을 바꿀지 먼저 고민해야 한다.

좋아하면서 잘하는 일과 좋아하는데 못하는 일

좋아하면서 잘하는 일이 있다면 축복이고, 좋아하는데도 (열심히 하는데도) 못하는 일이 있다면 행복과 좌절이 공존하는 기분일 텐데요. 그것들을 스스로 인지하는 것만으로 나아갈 방향을 미세 조정할 수 있습니다. 못하지만 좋아하는 마음이 강력하다면 포기하는 대신 어떻게 할지 생각해 볼 수도 있겠죠.

롤 모델이 있나요?

단번에 떠오르는 한 명이 있을 수도 있지만, 꼭 한 명일 필요가 있을까요? 일에서는 이 사람을, 언행에서는 저 사람을, 삶을 대하는 태도에서는 그 사람을 닮고 싶을 수도 있죠. 누구의 어떤 모습을 왜 좋아하나요?

질투하는 대상이 있나요?

질투하는 마음을 너무 숨기지 마세요. 질투하는 마음을 따라가다 보면 내가 진짜 원하는 게 보일지도 몰라요. 나는 누구를, 무엇을, 왜 질투할까요?

다른 사람이 잘되거나 좋은 상황에 있는 것을 미워하고
깎아내리려는 마음을 뜻하는 '질투'. 사전적 의미는
뭔가 냉정하고 뾰족하게 느껴지지만, 개인적으로
'부럽다'는 감정과 나도 저렇게 되고 싶다는 '욕망'이
섞인 표현이라고 생각한다. 부러운 지점을 향한 감정의
에너지가 조금 셀 뿐.

사람들은 보통 질투의 감정을 쉽게 내비치지 않는다.
부끄럽기도 하고 나쁜 사람으로 오해받기도 쉬우니까.
그래도 자신에게만큼은 솔직해질 필요가 있다.
질투를 느끼는 상황, 질투를 느끼는 상대를 들여다보면
좀 더 나은 내가 되는 힌트를 얻을 수도 있으니까.
내가 저 사람이라면 어땠을지 상상하게 되는 '질투의
순간'이 찾아온다면 그 마음을 따라가 보자. 그곳엔
의외로 미움보다 용기와 응원이 숨어 있을 수도.

질투 나는 사람
- 내일에 대한 걱정 없이 잠드는 사람
- 더 멀리, 자주 여행 다닐 수 있는 사람
- 생각을 빠르게 실행으로 옮기는 행동파
- 자기 자신에 대한 사랑과 확신이 있는 사람
- 좋은 습관이 오래전부터 배어 있는 사람
- 꾸준히 지속하는 끈기를 가진 사람
- 매사 차분하고 주변이 정돈되어 있는 사람

성공한 삶에 대한 나의 정의

내가 생각하는 성공한 삶은 어떤 모습인지, 그것에 근접하게 살고 있는 사람은 누구일지 떠올려 보세요. '성공한 삶'을 살았다고 자신 있게 말하기 위해 더 노력해야 하는 부분은 무엇일까요?

인생의 다음 스테이지를 위해 노력하고 있는 것

인생이 한 권의 책이라면, 나는 지금 어떤 챕터를 쓰고 있을까요? 다음 챕터에서 좀 더 나은 이야기가 펼쳐지려면, 지금 어디에 에너지를 써야 할까요?

'한국 나이'가 폐지되며 두 번의 스물아홉을 보냈다.
앞자리 '3'으로의 전환을 앞두고 20대 끝자락을
한 해 연장한 기분이 썩 나쁘지 않았다. "30대는
어떨 것 같냐?"는 커다란 질문에 대한 답을 잠시
미룰 수 있어 약간의 해방감도 들었다. 서른이 대수냐
하겠지만 한 인간의 삶이 10년 단위로 끊긴다면
한 템포 쉬어가며 생각할 정도는 되지 않나 싶다.
10대를 학생으로, 20대를 학생과 사회의 한
구성원으로 뒤섞인 미완의 상태로 보냈다면,
보통의 30대는 사회 곳곳에서 다양한 역할을 하나쯤
맡고 있거나 혹은 준비하고 있을 나이일 테니.

벌써 서른이라니—! 마음 깊숙한 곳에서 조급함이 새어
나온다. 가능성은 무한할 수 있어도 체력은 유한할
것이기에 에너지를 쓸 때 더욱 신중할 필요가 있을
테다. 어떤 30대를 보낼 것인가? 어디에 점을 찍고
달려갈 것인가? 30대가 끝나는 시점에 '나의 30대는
치열했다'고 자랑스럽게 이야기할 수 있을까?
한발 앞서서까지 생각해 본다.

애정을 쏟아부을 수 있는 대상을 찾게 되기를,
잠시 무너지더라도 일어날 수 있는 근력이 생기기를,
바깥의 시선에 흔들리지 않되 객관성은 잃지 않기를,
나를 지탱하는 코어의 힘이 더 단단해지기를, 마음의
여유와 통장의 잔고가 함께 풍족해지기를, 후회되는
것이 있어도 미련은 갖지 않기를, 나이가 들어도
영혼에는 항상 젊음이 자리 잡고 있기를….
30대를 이렇게 보낼 수 있기를 바란다.

1년 후 나는
어떤 문제로
고민하고 있을까요?

다가오지 않을 미래를 미리 걱정하지 말라는 말이 있지만, 가까운 미래로 나를 옮겨 두고 생각을 펼치다 보면 지금의 내가 무엇을 해야 하는지 힌트를 얻을 수도 있어요.

내 길이 아닌 방향

한때는 간절히 원했지만 이제는 놓아줘야겠다고 느끼는 일이 있나요? 혹은 주변의 기대나 흐름에 떠밀리듯 어떤 길로 향했다가 되돌아온 경험이 있을 수도 있고요. 내 길이 아니라는 확신이 들었을 때의 기분은 어땠나요?

나는 무대에 서는 주인공이 되고 싶지 않다.
무대 뒤에서 주인공을 빛내는 역할을 하고 싶다.
무대를 설계하고 적절한 타이밍에 조명을 비추며,
환호성이 쏟아질 때 저만치 뒤에서 그 기쁨을 함께
느끼고 싶다. 학창 시절에는 지금과 달리 성격이
외향적이었던 건지, 책임감이 강했던 건지 앞에 나서는
경우가 꽤 많았지만 나이가 들면서부터 그러고 싶지
않아졌다. 앞에 서서 스포트라이트를 받거나 주목을
끄는 일이 내 타고난 성향에 맞지 않다는 걸 뒤늦게
깨달았다.

종종 나는 닿을 수 있는 결승선을 미리 파악해 두면 마음이 편해진다. 아무리 열심히 달려도 내 속도로 뛸 수 있는 거리에는 한계가 있다고 인정하고 나면 홀가분한 기분도 든다. 그런 관계에서 인플루언서라 불리는 유명인들이 하나도 부럽지가 않다. 유명세로 인기를 모으고 돈을 많이 번다 한들 이름이 알려지는 삶은 내가 지향하는 바가 아니니까.
내 성향상 비슷한 상황에 놓였을 때 분명 행복하지 않으리라고 지레 짐작해 본다. 그리고 마음을 다잡는다. 무대를 만드는 사람, 설계자가 될 거라면 나는 화려함보다는 단단함이 필요하겠구나.
다져야지, 쌓아야지, 깊게 파고 들어야지. 무엇을 만들어갈지는 몰라도 이런 자세로 살아야 뭐라도 더 제대로 만들 수 있을 것 같다.

나를 가장 설레게 만드는 일

설렘, 가슴이 두근거리는 느낌. 좋아하는 사람을 만났을 때, 마음에 드는 물건을 샀을 때, 여행을 떠날 때, 잘하고 싶은 마음이 샘솟을 때, 계절이 바뀌는 것을 느낄 때 설레곤 하죠. 나를 설레게 하는 일은 무엇인지 사소한 것부터 적어 보고, 딱 하나에 커다란 하트를 표시해 보세요.

- ☐ 봄이 오기 전, 자연이 꿈틀대는 듯한 날씨
- ☐ 라떼가 맛있는 카페
- ☐ 좋아하는 아티스트의 새 정규 앨범
- ☐ 울컥하게 좋은 노래 한 곡
- ☐ 계획 없이 흘러가는 느긋한 하루
- ☐ 여름의 빙수, 겨울의 붕어빵
- ☐ 여행지에서 만나는 노을
- ☐ 입금 알림, 택배 도착 문자
- ☐ 모르는 번호로 온 좋은 소식
- ☐ 새로운 일
- ☐ 포근한 이불로 매일 자러 가는 시간

포기하고 싶지 않은 것

특정 시기에, 특정 상황에서 포기하고 넘어가야 하는 것들이 있기 마련이죠. 그럼에도 지금의 내가 결코 잃고 싶지 않은 것이 있다면 무엇인지 적어 보세요.

SNS 프로필에 적힌 가지각색의 소개글을 좋아한다. 공란으로 남겨두는 사람이 있는 반면, 어떤 사람은 자신을 대표하는 키워드나 문장을 적는다. 커리어를 나열하는 경우도 있고, '누구누구의 엄마'처럼 관계를 드러내는 내용을 담기도 한다. 좋아하는 것을 나열하거나, 귀여운 이모지를 얹어 두기도 한다.

나는 오래전부터 좌우명 같은 삶의 가치관을 적어뒀다. '종오소호從吾所好', 자기가 좋아하는 것을 좇아 살아간다는 뜻의 사자성어다. 내 인생에서 가장 중요한 키워드를 꼽는다면 단연 '재미'다. 어떤 삶을 살고 싶냐는 질문을 받을 때마다 "평생 재미있는 일을 하며 살고 싶다"라고 답한다. 재미를 느끼는 대상은 시간이 흐르며 변하겠지만 좋아하는 것을 좇으며 살아갈 수 있다면 그것만큼 행복한 삶이 또 있을까.

종종 재미란 사치의 영역이려나 싶은 생각도 든다.
어쩌면 나의 바람 자체가 굉장히 고상한 다짐일지도
모르겠다고. '재미를 좇으며 살고 싶다'는 마음을
실천할 수 있음이 얼마나 감사한지…. 그만큼
치열함을 잃지 않고 살아가려 한다. 재미있는 삶을
지속하기 위해선 노력이 필요하다.

시간이 지날수록
더 중요해지는 가치

시대가 바뀌면서 사람들이 더 중요하게 여기는 가치들이 있죠. 앞으로 대중은 무엇을 더 중요하게 생각할까요? 개인적인 관점과 비교해 봐도 좋겠어요.

함께 미래를 이야기할 수 있는 사람

'다음'에 대해 마음껏 이야기할 수 있는 사람이 있다는 건 큰 행운이에요. 꿈과 고민을 나누면서 서로에게 영감을 주는 존재가 있는지 떠올려 보세요.

가슴에 품고
지내고 싶은 문장

좌우명으로 삼을 만한 문장이 있나요? 책 속에서 발견한 문장, 친구나 가족이 들려준 말, 스스로 만든 문장, 뭐든 좋아요. 생각이 잘 안 난다면 이 기회에 기록들을 들춰 발견해 보세요.

한 번도 떨어지지 않고 어찌 강이 되겠는가.

_「폭포」 서태수

언젠가 반드시
맞닥뜨리게 될 질문

살면서 피할 수 있을 때까지 피하고 싶지만 스스로에게 꼭 던져야만 하는 질문들이 있어요. 답이 명확하지 않아 외면하고 싶을 테지만, 지금 용기 내 마주하면 미래의 내가 덜 당황할 겁니다.

의미 있는 인생을
살고 있나요?

나를 살아가게 하는 원동력, 살아 있음에 보람을 느끼는 순간, 추구하는 삶의 모습 등을 떠올려 보세요. 내 '인생의 의미'는 무엇인가요? 지금 '의미 있는 인생'을 살고 있나요?

내가 원했던 삶과 지금의 삶, 앞으로 살게 될 삶은 얼마나 닮아 있나요?

계획했던 삶의 모습과 실제로 살아가는 모습은 많이 다르죠. 예상과는 다를지라도 지금의 삶 속에 내가 원하던 모습이 얼마나 담겨 있는지 관찰해 보세요. 이상과 현실을 비교하면 허탈할 수도 있겠지만, 아직 남은 날들도 많으니까 우리 앞으로 살게 될 삶까지 재밌게 상상해 보아요.

엄마는 어릴 때 선생님이 되고 싶었다고 하셨다.
비록 꿈꾸던 국어 선생님은 되지 못했지만
나이가 들어 심리학을 공부할 수 있는 기회가 생겼고,
그 덕분에 다문화 가정의 엄마들과 어린아이들을
가르친 적이 있으시다. 당시 엄마가 해주신 말 중에
이 말이 잊히지 않는다. "꿈을 향해 살다 보면 꼭
그 지점에 닿지 않더라도 근처쯤은 지나게 돼. 돌고
돌아서라도." 지금 당장 원하던 것을 쥐고 있지
못하더라도, 방향만은 잃지 않고 살아야겠다고
다짐했다. 삶의 여정에서 그 곁을 스쳐 지나가게
될지도 모르니까. 조바심 내지 말고 천천히, 인생은
기니까!

**먼 훗날
그때 참 잘했다고
스스로에게
말할 수 있는 일이
있나요?**

최근에 겪은 일 중 시간이 지나서도 자랑스럽게 떠올릴 수 있는 일이 있다면 스스로 꼭 칭찬해 주세요. 과거의 수많은 선택이 지금의 나를 만들었듯, 지금의 결정이 미래의 나에게 어떤 영향을 줄지 생각해 보아요.

꿈이라고 하기에는 소박한 작은 꿈 리스트

거창한 목표가 아니어서 '꿈'이라고 말하긴 애매하지만, 언젠가 꼭 이루고 싶은 작은 바람들이 있죠. 소박한 바람들에 '작은 꿈'이라는 이름을 붙여주면, 그것을 이뤄가는 과정에 행복과 뿌듯함이 더해질 거예요. 귀여운 나의 작은 꿈 리스트를 작성해보세요.

- ☐ 예쁘게 리본 묶는 법 배우기
- ☐ 우리 집 수건 마음에 쏙 드는 걸로 통일하기
- ☐ 언젠가 조카의 연애 상담 들어주기
- ☐ 짐 없이 가볍게 여행 떠나기
- ☐ 가족사진 찍기
- ☐ 친구들과 한라산 등반하기
- ☐ 베를린 한 달 살기
- ☐ 선물가게 차리기
- ☐ 잠옷 전용 옷장 만들기

언젠가는 하겠지 생각하며 계속 미루는 것이 있다면?

너무 많죠. 하나하나 미루게 되는 이유도 다 있을 테고요. 하지만 그중에서 지금 당장 시작할 수 있는 것도 분명 있을 겁니다. '미뤄온 일 리스트'를 작성하고, 바로 할 수 있는 일에 별을 그려보세요.

내 삶에서 불필요하게 붙잡고 있는 것

오래된 후회, 의미 없는 걱정, 필요 이상의 책임감 같은 것들이 나를 붙잡고 있지는 않은지 점검해 보세요. 불필요한 것을 덜어내는 것만으로도 말끔한 기분을 느낄 수 있을 거예요.

요즘 집중력이 산산조각 났다. 집중력을 조금이라도
높이기 위해 책상에 앉기 전, 방해가 될 만한 주변
물건들을 하나둘 치운다. 어수선한 책상 위를 정리하며
복잡한 머릿속도 비워낸다. 이제 집중만 하면 될 것
같지만 문제는 그다음이다. 잠깐 검색하려고 쥔
핸드폰에서 다른 길로 빠져드는 일은 너무도
자연스럽다. 무의식적으로 정해진 경로처럼
내 손가락은 화면을 빠르게 스크롤하고 있다.
뭘 하려고 책상에 앉았는지, 어느새 목적 잃은 나를
발견한다.

하나의 일을 끝내는 데 걸리는 시간이 점점 길어지고,
콘텐츠에 빨려 들어가는 시간은 점점 짧아지고 있다.
똑똑한 사람들이 설계한 대로 놀아나고 있다는 생각도
든다. 앱 안에 오래 머물며 콘텐츠를 소비하게 하려고
얼마나 고민했을까? 알면서도 빠져나오기가 쉽지
않다. 발버둥 쳐봐도 무의미하게 느껴진다.
이미 디지털 세상에서 사는 게 일상이 된 우리는,
이 끊임없는 자극의 굴레를 어느 정도 받아들여야 하는
걸지도 모르겠다. 이게 진짜 잘못된 걸까? 나의 시간은
결국 누구의 것이고, 집중력은 어디에 써야 하는
걸까? 이런 질문을 던지는 순간만큼은 나를 조금씩
되찾아가는 기분이다. 이미 조각난 집중력일지라도
답을 찾아 이어붙여 봐야겠단 다짐을 한다.

더 깊이 이해하고 싶은 주제

지금은 막연한 관심이 있을 뿐이지만 더 깊이 파고들고 싶은 주제가 있나요? 당장은 이해하기 어렵지만 더 공부하고 싶은 주제도 좋고요.

- 인간과 지구의 지속 가능한 관계를 위해 우리가 할 수 있는 일
- 의미 있는 환경보호
- 초고령사회가 도래한 한국의 현시점
- 세대 갈등
- 디지털 격차와 정보 접근성 문제
- 이상적인 도시 개발 기획
- 지금 이 삶의 방식은, 다음 세대에게 물려줘도 괜찮을까?
- 강아지의 표현 방식

내 삶의 속도를 점검해 본다면?

너무 빠르게 달려가고 있진 않은지, 정체되지는 않았는지, 유독 느린 걸음인지, 내 삶의 속도를 점검해 보세요. 속도를 내야 할 상황이면 조금 더 힘을 내고, 브레이크를 밟을 타이밍이라면 잘 쉬어야 하니까요. 앞으로의 나를 위해서.

지금 나에게 가장 필요한 한마디

고르고 골라 딱 한마디만 적어 보세요. 그리고 선명하게 쓰인 문장을 두 눈에 담고, 마음 한 편에 넣어 꼬옥 간직하세요. 그 힘이 효력을 다할 때마다 이 페이지를 펼치고 다시 힘을 충전하길 바랍니다.

epilogue

이 책을
함께 만든 이들의
생각 조각

"책을 왜 쓰고 싶으세요?"
예비 저자를 만날 때면 가장 먼저 던지는 질문입니다.
책을 쓰는 이유는 저마다 다르지만, 자신의 이름을
걸고 하는 작업인 만큼 결국 몇 가지 공통된 이유로
모아집니다. 그중 가장 많이 듣는 대답은 '생각을
정리하고 싶다'는 것입니다.

**"변화를 앞두고 제가 해온 일이나 제 생각을 한 번쯤
정리해 보고 싶더라고요."**
비슷한 이야기를 여러 번 듣다 보니 처음엔 솔직히
약간의 반감도 들었습니다.

'독자들이 굳이 누군가의 생각 정리집을 읽을 만큼
한가할까?', '이미 지나간 생각들은 조금 낡아 보이지
않나?'
그런 의문을 뒤로 하고 책을 한 권, 두 권 만들어가며
깨닫게 되었습니다. 생각을 정리해야 비로소
다음 걸음을 뗄 수 있다는 것, 고여 있는 생각을
들여다보아야 새로운 생각을 꺼낼 수 있다는 것을요.
그 당연한 이치를 조금 늦게 깨달은 저 역시 어쩌면
생각 정리가 필요했던 건지 모르겠습니다.

김소희 저자에게 이 책을 제안한 것도 바로 그 '생각
정리'의 힘을 알게 된 뒤였습니다. 잘 다니던 회사를
그만두었다는 소식을 듣고, 자연스럽게 연락을 하게
되었습니다. 20대에 《생각 소스》라는 책을 냈던 그가,
그 이후 어떤 생각으로 다음 행보를 준비하고 있을지
궁금했기 때문입니다. 어떤 방향으로 나아갈지 몰라
마음만 분주한 시기라면, 먼저 내 안의 생각부터
정리해 볼 일입니다. 그럴 때 이 책이 좋은 시작점이
되어줄 겁니다. 혼란한 마음에 도움이 되어줄 기막힌
'생각 소스'로 말이죠.

북스톤 김은경 대표

매일 글을 다루는 일을 하면서도 글쓰기는 늘 어렵습니다. 편집자는 좋은 글을 알아차리는 역량이 필요하며, 이미 쓰인 글을 더 나은 방향으로 가이드 하는 감각도 갖춰야 합니다. 대체 좋은 글이란 무엇인지 그 기준을 늘 고민하는데요, 그러다 머리가 '띵-' 하는 조언을 받았습니다.

"글쓰기는 생각 쓰기다. 평소 어떤 생각을 하는지에 따라 글이 달라진다. 눈에 보이는 것을 관찰하고 나열하는 것만으로는 좋은 글이 나올 수 없다. 우선 생각이 고여야 글을 쓸 수 있다."
제 사수이자 북스톤 출판사 대표님이 '글을 잘 쓴다는 것'에 관한 생각을 정리하여 제게 건네준 문서의 일부입니다. 저는 해당 글의 전문을 출력해 책상 한 편에 붙여 두고 일을 합니다. '글쓰기는 생각 쓰기다'라는 이 명료한 문장이 글을 둘러싼 제 모든 고민의 닻이 되어주었습니다.

요즘은 글을 잘 쓰고 싶다는 단편적인 욕심은 내려
두고, '어떻게 하면 유연하고 풍성한 생각을 할 수
있을까'를 고민합니다. 논리의 빈틈이 없고 유려한
문장을 좋은 글의 기준으로 삼는 대신, 남다른 생각이
느껴지는 글을 소중히 여기고요. 남다른 생각이
특별한 생각을 뜻하는 건 아닙니다. 그 사람다운
생각을 위트 있게든 담백하게든, 자연스럽게
써 내려간 글이 좋게 느껴집니다.

작년에 한창 이런 생각들을 하고 있을 때 이 책의
저자인 소희님을 만났습니다. 오랜 시간 이야기를
나누며 《생각 소스》라는 소재가 많은 이들의 생각
뿌리를 단단하게 만들어주리라 믿게 되었습니다.
그렇게 생각의 힘을 길러줄 질문들을 세심하게 추리고
다듬으며 이 책을 완성했습니다. 한 장 한 장 생각을
쓰다 보면 글을 잘 쓰는 스킬이 길러질 수도 있고요,
나아가 살아가는 데 필요한 강력한 무기를 얻게 될
수도 있습니다. 그게 '나를 믿는 힘'이길 바라봅니다.

북스톤 한혜인 편집자

생각 소스
나를 믿기 위한 나의 생각 모음

2025년 5월   2일 초판 1쇄 발행
2025년 7월 15일 초판 2쇄 발행

지은이 김소희

펴낸이 김은경
편집 권정희, 한지원, 한혜인
마케팅 김사룡, 박선영, 구민지, 김예은
디자인 황주미
경영지원 이연정
펴낸곳 ㈜북스톤
주소 서울특별시 성동구 왕십리로6길 4-5 2층
대표전화 02-6463-7000
팩스 02-6499-1706
이메일 info@book-stone.co.kr
출판등록 2015년 1월 2일 제 2018-000078호

ⓒ 김소희
(저작권자와 맺은 특약에 따라 검인을 생략합니다)

ISBN 979-11-93063-92-7 (03190)

- 이 책은 저작권법에 따라 보호받는 저작물이므로 무단전재와 무단복제를 금지하며, 이 책 내용의 전부 또는 일부를 이용하려면 반드시 저작권자와 북스톤의 서면동의를 받아야 합니다.
- 해당 도서에 인용된 문장은 저작권자의 확인을 거쳤습니다. 다만 일부 저작권이 확인되지 않은 경우가 있어, 연락이 닿으면 승인을 요청하겠습니다.
- 책값은 뒤표지에 있습니다.
- 잘못된 책은 구입처에서 바꿔드립니다.

북스톤은 세상에 오래 남는 책을 만들고자 합니다. 이에 동참을 원하는 독자 여러분의 아이디어와 원고를 기다리고 있습니다. 책으로 엮기를 원하는 기획이나 원고가 있으신 분은 연락처와 함께 이메일 info@book-stone.co.kr로 보내주세요. 돌에 새기듯, 오래 남는 지혜를 전하는 데 힘쓰겠습니다.